广东省高等教育重点平台及科研项目《岭南体育文化的梳理与创新》（编号：2015WTSCX053）

打练南拳

李朝旭 著

华南理工大学出版社
SOUTH CHINA UNIVERSITY OF TECHNOLOGY PRESS

·广州·

图书在版编目（CIP）数据

打练南拳/李朝旭著. —广州：华南理工大学出版社，2018.1（2023.8重印）

ISBN 978－7－5623－5483－3

Ⅰ.①打… Ⅱ.①李… Ⅲ.①南拳－基本知识 Ⅳ.①G852.13

中国版本图书馆 CIP 数据核字（2017）第 298561 号

打练南拳

李朝旭　著

出 版 人：柯　宁
出版发行：华南理工大学出版社
　　　　　（广州五山华南理工大学17号楼，邮编510640）
　　　　　http://hg.cb.scut.edu.cn　　E-mail：scutc13@scut.edu.cn
　　　　　营销部电话：020－87113487　87111048（传真）
策划编辑：毛润政
责任编辑：毛润政
印 刷 者：广州小明数码印刷有限公司
开　　本：787mm×1092mm　1/16　印张：9.25　字数：164 千
版　　次：2018 年 1 月第 1 版　2023 年 8 月第 4 次印刷
定　　价：29.00 元

版权所有　盗版必究　印装差错　负责调换

序　言

　　退休之前，本人因有打练南拳的教学经历和亲身体会，有幸抢先一步拜读了李朝旭教授编著的《打练南拳》一书的书稿，受益匪浅，深感对推动武术的传承、创新与发展，确实有了新的内涵。该套路共有28个动作，分为8组，前4组与后4组可各自由甲、乙双方进行对练性练习，即前4组动作与后4组动作是相互配合的一个对练套路。其中前4组中的某一组与后4组中的某一组是相互对应的对练，如第1组与第5组、第2组与第6组、第3组与第7组是相对应的，依此类推。套路既可单练，又可对练；可整套练习，又可分组单独练习；合是一个大整体，分是各个小整体。这样的套路编排设计，真是卓尔不凡，更使人有耳目一新的感觉。

　　套路的最大亮点就是打练合一，适应面广，符合武术技击的本质属性。打练结合，是武术教学的难点，更是重点。目前流行的套路只可单练，不可对练。掌握单练不等于学会了对练，单练和对练套路的内容是各自分家的。我们在教学中，总感到套路的设计和编排有所欠缺，都希望在教学过程中能使学生在学会动作的同时，又能找到有关该动作攻防实践练习的教材。《打练南拳》中套路的问世及套路设计的新理念就是打练不分家，合二为一，既学会动作，又实践到该动作攻防练习的套路，武术以技击为核心的本质属性在本书中就更得以彰显。《打练南拳》的适应面广，尤其是对于学校的武术教学，8学时、16学时、32学时、48学时都可以融入，层层衔接，易教易学。

　　我从事武术工作50多年了，从练习传统武术到练习竞技武术，到教武术、编武术、写武术，对与武术有关的实践和理论都有了比较切身的体会，深感中国武术在继承和发展上有很多有待改进的地方。墨守成规、亘古不变地继承，武术只能原地踏步，难以适应时代发展的需要；不加整理，不加研究，胡编滥造，为编排套路而编排套路的做法，只会削弱武术的本质特性，结果只能是适得其反。只有以前瞻的眼光、科学发展观的理念和敬业爱业的情操用心于武术，才会使武术在继承的基础上有所发展。因此，我很赞赏《打练南拳》的创编做法和理念，这是武术发展的新标杆。该套路内容保留传统、立足传统，又放眼未来，亦体现了南拳的风格特点，确是一本好书。

二十世纪八十年代全国南拳冠军、资深南拳专家、副教授：陈耀佳

2017 年 11 月 7 日于广州

目 录

第一章 概述 ……………………………………………………（1）

　　一、南拳简介 ……………………………………………（1）
　　二、相关概念的说明 ……………………………………（2）
　　三、南拳运动的价值与功能 ……………………………（5）
　　四、打练南拳的结构特征 ………………………………（14）
　　五、打练南拳的注意事项 ………………………………（14）

第二章 南拳的形成和发展 ……………………………………（17）

　　一、中国武术教育的历史回顾 …………………………（17）
　　二、广东学校武术教育的现状与现实研究 ……………（19）
　　三、南拳运动技理技法及其特点、风格的形成原因 …（28）
　　四、打练南拳的创编背景 ………………………………（33）

第三章 广东南拳的流派及其地域分布 ………………………（35）

　　一、广东原生态南拳 ……………………………………（35）
　　二、广东再生态南拳 ……………………………………（40）

第四章 南拳的基本形态、技法和功法 ………………………（45）

　　一、基本形态 ……………………………………………（45）
　　二、基本技法 ……………………………………………（51）
　　三、常见功法 ……………………………………………（52）

第五章 教学与训练 ……………………………………………（60）

　　一、教学与教学法 ………………………………………（60）

目 录

　　二、训练与训练法……………………………………（65）
　　三、打练南拳教学计划（模板）………………………（68）

第六章　打练南拳组合动作……………………………（72）

　　组合一……………………………………………………（72）
　　组合二……………………………………………………（76）
　　组合三……………………………………………………（84）
　　组合四……………………………………………………（89）

第七章　打练南拳单练套路……………………………（95）

　　一、动作名称……………………………………………（95）
　　二、技法图解……………………………………………（97）

第八章　打练南拳拆招对打……………………………（117）

　　一、拆招…………………………………………………（117）
　　二、打练组合……………………………………………（120）
　　三、打练南拳完整版……………………………………（129）

参考文献…………………………………………………（138）

后记………………………………………………………（139）

第一章 概 述

南拳是流行于我国南方省份各地方拳种和拳派的总称，是中国武术大家庭中的主要拳种之一。南拳历史悠久，已有学术结论认为，"南拳"一词作为武术词语，最早出现于明代隆庆二年（公元1568年），明代武将郑若曾所著的《江南经略》拳法论述一节，曾记载有南拳流派。可见，南拳的出现至少是在四百多年以前。中华人民共和国成立后，自1960年国家体委（现国家体育总局）将"南拳"列为全国武术竞赛项目之日起，南拳就伴随着中国武术的发展而不断充实并成熟，现已与长拳、太极拳一起，成为规范中国武术竞赛内容的国际性比赛项目。

一、南拳简介

南拳是岭南传统武术的主干和核心内容，不仅深得南方各省人们的喜爱，而且在新加坡、马来西亚、菲律宾、印度尼西亚、泰国、德国、英国、美国、加拿大等国家和我国台湾、香港、澳门等地区，都有较多的爱好者。无论是历年历届的全国和世界性的武术比赛，还是武术的教学、训练、竞赛、表演、健身，以及武打影视中所反映的武术类素材等，南拳均占据着非常重要的地位。

南拳的内容因地而异，广东有洪家拳、刘家拳、蔡家拳、李家拳、莫家拳、侠家拳、蔡李佛拳、咏春拳、龙形拳、白眉拳、朱家教、钟家教、李家教、岳家教、南枝拳等多家拳派及各种客家拳；福建有五祖拳、太祖拳、白鹤拳、连城拳、地术犬拳；江西有硬门拳、字门拳；湖北有洪门拳、孔门拳、鱼门拳；广西有周家拳、屠龙拳、小策打；浙江有洪家拳、黑虎拳、金刚拳；湖南有巫家拳、薛家拳。此外，还有江苏南拳、四川峨眉拳等。

广东南拳主要包括广东武术中的原生态拳系和再生态拳系两部分。原生态拳系指扎根岭南大地，以广府文化为主线，以广州、佛山、深圳、珠海、

中山等为中心，主要流传于珠江三角洲一带的岭南地域性传统南拳，如洪家拳、刘家拳、蔡家拳、李家拳、莫家拳、蔡李佛拳、龙形拳、咏春拳、白眉拳、侠家拳等；再生态拳系是指原籍为中原的武术拳派，在岭南地区历经了适应、改良、蜕变和创新，且在民间广为流传的传统南拳，主要流行于广东的客家地区和潮汕地区，客家地区的主要拳派有朱家教、钟家教、李家教、岳家教、刁家教、刘家教、牛家教、刘凤山派等，潮汕地区的主要拳派有南枝拳、昆仑拳等。

广东南拳内容包括南派拳术与南派器械两部分。

南派器械即南拳类器械，一般来说，种类均较北派的少。较普遍和重点的是单头棍、双头棍、双夹单棍、单刀、双刀、腰刀、大刀、大钯、虎叉、双叉等。除此之外，还有一些较为特殊的武术器械，如斧、戟、盾、飞陀等。灵巧类的剑术，南派器械中几乎没有。南派器械种类繁多，除了古代使用的兵器外，现代生活用具和生产工具都被当作器械使用，例如扁担、镰刀、锄头、板凳等。

二、相关概念的说明

（一）岭南地区与华南地区

1. 岭南地区

岭南地区就是指南岭以南，包括广东、广西、海南甚至香港和澳门等地，属于环境地域概念。南岭是我国三大重要的地理分界线之一，是由一系列北东走向的山脉组成，主要有越城岭、都庞岭、萌诸岭、骑田岭和大庾岭五座山，称为"五岭"。南岭的山地是长江、珠江流域的分水岭，它阻挡了北方寒潮的南下和南来热带暖流的北上，是华中、华南地区之间的天然气候屏障，是中亚热带和南亚热带之间的一条自然地理分界带。岭南的自然景观既有亚热带特色，又显露出热带的某些特点，具有明显的过渡性（参见图1-1）。

按省份来说，关于岭南地理的定位，尽管存在着各自不同的版本，但有一点是可以肯定的，随着改革开放的兴起和深入，与改革开放的前沿阵地和大试验田相联系的岭南，广东历史地成了岭南的中央地区，珠江三角洲特别是广州更是成了岭南地区政治、经济和文化的中心。岭南,主要就是指广东了。

图1-1 岭南人家

2. 华南地区

华南地区位于中国南部。北与华中地区、华东地区相接,南面包括辽阔的南海和南海诸岛,与菲律宾、马来西亚、印度尼西亚、文莱等国相望,华南地区边界的武夷山、南岭也大致是人类学的分界线。据文献史料记载:华南地区,中国七大地理分区之一,简称"华南",包括广东省、广西壮族自治区、海南省、香港特别行政区、澳门特别行政区。在民国时代的教科书中,将华南范围定义为:广东、广西、海南和香港、澳门,1945年抗日战争胜利后再进一步把台湾加入其中,合称"华南六省"(现常说华南五省)。可见,华南地区更多的是国家机关按区域实施行政管辖的行政地域概念。

(二)岭南武术与南方武术

岭南武术,也称南派武术,是流传于中国南方北部南岭山脉之南的各地方拳种的统称。以南岭山脉为分界岭,其因地理环境相近,人们的生活习俗相同,岭南武术的拳派风格多以南拳为主,具有南拳的共性技法与运动特点。与北方拳派相比,别具风格,自成体系。一般以地域来区分,如广东南拳、广西南拳、福建南拳、四川南拳等。

南方武术主要指流传在长江流域以南的各地方的传统武术,有明显的地域界限,即以长江为分水岭。它们地理环境相近,生活习俗相同,但就其武术内容来说，各地方明显有别，甚至有些南方地区还是北方拳派的发源地和主要传播地，使其特点和风格具有明显的差异性，如武当太极拳、河南形意拳、云南八卦掌等。

综合来说，岭南武术侧重于内容、技法、特点，更多的是从拳种、拳派的性格特征、运动风格、技理技法等方面加以体现和说明；南方武术则表述的是概念，更多的是指各地方的武术运动，其概念内容一般涉及拳套名称、流派人物、主要传播地等，是一种方位性、抽象性、概念性的表述。

（三）拳种、流派和门派

拳种是指源流、脉络清晰，传承有序，内容系统，独具运动特点和风格的中国武术拳术。

流派也称拳派，是指由同一拳种衍生出来的，且得到他人认可的拳种分支。其特点是随着时间的推移，经过不少于20年的传承，传承人逐渐形成了属于自己的相对稳定的风格和特点。

门派是指同一拳派中的不同传承人，在传承技艺的过程中，独立门户，实施本流派（拳派）内容、技法和风格等的传艺过程。其特点是随着时间的推移，逐渐得到认可。

20世纪80年代初是我国改革开放的开局时代，禁锢已久的中国武术，特别是毗邻港澳的广东武林，迎来了以国家战略层面来策划和开展的"中国武术挖掘整理系统工程"的辉煌10年。广东省体育局肩负着时代的责任和使命，在全国率先开展了与港澳的武术交流和广东省的武术挖掘整理工作。为使此项工作科学、有序地开展，广东省体育局专门成立了广东省武术挖掘整理领导小组，由挖整组具体负责，组织并抽调专人对丰富的广东武术进行了摸底、分析讨论和研究，特别是对繁杂、多途、争议不断的拳种、拳派、流派、支系等给予了明确的定位。

在此次工作开展的过程中，要成为广东南拳拳种中的一个独立且较完整的拳派或流派，至少应具备以下三个条件：

第一，有一定的历史性和传统性，形成了较为清晰和系统的传承脉络。

第二，有相对完整的内容和形式，即拳术套路、器械套路、对拆套路和练功方法。

第三，其流传必须具备一定的面和时效性，不限于一时一地。

关于拳种与拳派的区别与联系，一般的解释是，所属拳种之下再分层，则是拳种的流派分支,称为拳派,习惯上,人们也常称之为流派。

三、南拳运动的价值与功能

从远古走到今天,岭南武术如同中国社会发展的历程一样,尽管波澜起伏、曲曲折折,有时甚至近乎窒息,但还是依然坚挺地走到了今天,并且似乎还很年轻、很不成熟,也还有越来越多可借鉴和开采的东西。究其原因,这些不是仅归结为岭南武术是岭南地区的一项传统的体育项目便能解释和涵盖的,我们必须认真面对岭南武术中由中国历史及其社会变迁沉淀下来的厚重的文化社会性,且不断挖掘、继承、完善和弘扬其含量,进一步提升其社会价值和文化功能。

(一) 防身自卫功能,使其作为民俗文化有了生存的土壤

武术属于山野文化,它反映的主要是古代下层人民的社会意识和生存欲望,武术的社会属性其实就是反抗暴力侵犯、保卫自身或他人的生命财产安全的个体行为。在封建社会里,下层人民的抗暴意识往往带有反抗官府的倾向,如遇到不白之冤或冤假错案等,难有再见天日之时,或许还会性命难保;就是平时,普通人也会遇到强盗抢劫、土匪施暴等不幸事件,轻则财物丢失,重则家破人亡。无论反抗官府,还是抵御盗贼,都只有胜负或生死的结果。无数活生生、血淋淋的教训告诉岭南人:抗暴必须自强。

俗话说"天高皇帝远",岭南地区远离皇城,统治者鞭长莫及,古代的百越民族居住地还有"蛮夷"之称,上述现象更是不可避免,普通人更加无可奈何。由此,在抗暴意识的驱使下,苦练武艺,保家、保命、保安全便成了当时社会岭南民众要生存下来的第一需要。

在许多人的心目中,岭南人留给人的印象不是高大威猛,而是柔弱瘦小。相对于北方和中原籍人士,南方人个子偏小也是事实。也因为貌似弱小,岭南人便与生俱来有了一种危机感、压迫感和紧迫感,迫切需要通过后天的努力,使自己变得强大无比,确保自己、家人及其财产的安全,平安地生活和工作。从古到今,岭南地区民风强悍,武风鼎盛,武术就在岭南大地上深受各级各类民众的崇尚和喜爱(参见图1-2)。"弱",当然就是一种偏见和误解了。反过来,岭南地区由于得天独厚的气候和地理环境优势,使

南方人的关节结构更加灵活，肌肉组织更富弹性，使身体富有了更加出色的速度和爆发力。例如，中小级别的举重冠军，特别是小级别的世界纪录保持者常出自岭南；现在身体直接对抗项目武术散打、摔跤中的中小级别的实力，广东整体居前，就是最好的证明。

图1-2　香港咏春拳练拳场景

外形与能力的巨大反差，赋予了岭南武人一种不屈不挠、永不停息的拼搏精神。由此，一代代岭南武林俊杰，一批批南方武学奇才脱颖而出，名震寰宇，也因此确立了岭南武术在中国的"半边天"地位，成为中国武术走出国门、影响世界武坛的旗手和排头兵（参见图1-3）。

图1-3　武术散打见真功，抗暴须自强

（二）健身运动价值，拓展了其民俗文化的社会认同感，并使其保持了恒久、强劲的发展动力

"搏刺强士体"，这句经典名言至少表述了两个方面的意思：一方面，说明通过"搏刺"这种运动形式可以"强士体"；另一方面，也说明更好的"搏刺"需要进一步的"强士体"，有强的"士体"，才能更有效地"搏刺"。身体健康，是生命所需，更是生活所需。岭南人非常重视提高生活质量和节约生活成本，非常注重养生之道。可以说，岭南人的一切行为活动都会考虑健康的因素，都与健康有关，如饮食、起居、玩物、运动等。武术运动的特点及其所具有的健身价值，恰恰迎合了岭南人的秉性，使武术成了岭南健身大军中首屈一指的常设保留项目，遍布城乡的各个角落，经久弘扬，历久不衰（参见图1-4）。

图1-4 太极拳随处可练，晨曦起舞，山水间习练，是对繁杂身心的一种荡涤

（三）娱乐休闲价值，使其民俗文化的内容与形式适时而变，走向高雅

武术可以自娱自乐，也可以给他人增添快乐，丰富人们的文化生活。岭南武术是来源于岭南人生存的需要，而后发展而成的一种身体活动，从岭南武术的运动特征来说，具有岭南人司空见惯的人体运动的一般审美价值，又表现了人在江河大地或崇山峻岭中被攻击时攻防反击的技巧和能力，与其他艺术形式相比，尽管出身低微（来自于山野农村或行走江湖的生存需要），但这也使其更具有一种技击性的神秘色彩和美学价值。加上岭南武术丰富的内容和多彩的形式（既有单练，又有对练；既有套路演练，又有技击对抗形式；既有徒手练习，又有器械训练等），又浸润在具有开放性、兼容性的

岭南文化的大环境中，可以满足不同群体、不同性别甚至不同宗教观念的人们的各种不同文化口味的需求（参见图1-5）。

图1-5　爱国将领张学良晨练"弯弓射虎"

随着社会的进步和发展，岭南武术在其产生的过程中，不断得到加工、改造和提高，因而使其来源于社会底层的那种粗俗的身份以及富有江湖味的特性均得到了冲刷、洗涤和陶冶，洗心革面，呈现出积极进取、永不言败的岭南文化的精神内核，岭南武术越来越清新脱俗，更富有创造力和艺术性了。例如，岭南武术可以上银幕、上舞台，以岭南武术为题材的小说、电影、电视等不断涌现，层出不穷，涌现出了一批批武打明星，成为年青一代的追星对象；岭南武术精神也变迁成为岭南人性格特征的一个有机组成部分。

不可否认，现代社会在带给人们精神富裕和财富增长的同时，伴随而来的也是快节奏的工作，使人倍感工作压力的加大和精神紧张的加剧，找到一种有效的方式来放松人们身心，是现代社会人们的共同需要。岭南武术除了自身的运动特点具有这种可以使人发泄郁闷情绪、缓解精神压力的功能外，还可以改变练功环境，通过享受鸟语花香、游山玩水的形式来实现。例如，岭南武术还具有丰富旅游文化的功能。岭南武术既包含丰富的岭南民俗民间文化的内容，又有形式多样的套路功法，还有各门各派的武术神话传说，以及千奇百怪的武术器械、服装、武术书籍、音像乃至武术名胜古迹等，这些，都能极大地吸引许多游客的眼球，同时还可以创造包含浓郁传统文化和武术特色的各种艺术形式，同科技、艺术、旅游交叉结合，向世界人民传达岭南武术的博大精深。

（四）人才培养功能。广东南拳是我国各级各类学校校园文化和体育教育中的主要内容，打练南拳更已成为我国"十二五"普通高等教育本科国家级规划教材《武术普修通用教程》章节内容

　　学校是传承文化和培养接班人的场所，学校教育是提高全民素质、树立远大人格理想的主要和重要途径。

　　国家教育部及相关部门已把武术列为中小学的必修课，以此来教育学生，健康引领我国未来的建设者和接班人。武术的各个门派都非常注重武德的培养，强调"道与艺"的统一，提倡"未曾学艺先学礼，未曾学武先学德"。文贵文风，武重武德。中国文化的传统历来是重"仁爱"而非残忍的思想，在武德上，讲究以理服人，决不以武艺高而逞强；在技艺上，主张不是积极地引向外在的显示，而是导向内心的自修和自审。讲究心身合一、内外兼修。岭南地区特别是广东是我国的经济发达地区之一，力求改变和提高民众的民族素质已相当重要，推广习武，宣传武德，会对人们树立良好的道德起促进作用，使社会观念和文化气氛进一步向好的方面发展。中华人民共和国成立后，广东南拳"三宝"之一的"虎鹤双形拳"在林世荣原版的基础上，由陈昌棉改编，被列为我国高等体育院校《武术》教材内容。

　　现在，在我国学校体育课的教学内容中，南拳所占比重越来越大。例如，由广东教育出版社出版的全日制普通小学《体育与健康》必修教材中，南拳类的基本功、基本动作及其组合是其技术部分的重要内容；全日制普通中学《体育与健康》必修教材中，南拳类被列入民族传统体育部分；全日制普通中学《体育与健康》选修教材中，教学的《南拳》动作组合，提供给了学生一个自由想象的天空，在全面掌握了四个组合动作之后，学生可以根据武术套路的创编原则，创编体现自己技法特长、适合自己练习的南拳套路；南拳、散打、太极拳剑项目还是许多中小学校的特色教育课。"初级南拳"被列入全国普通高等院校"大学体育"课程可获取学分的选学内容；南拳、南棍、南刀的竞赛套路和传统南拳类（如蔡李佛、咏春拳、虎鹤双形拳等）的单练，以及南拳对练和集体项目等，成了全国体育院校民族传统体育专业的必修课程，学制四年，是本专业学生主要的学习和主攻方向。总之，南拳已全面进入我国各级各类学校课堂（参见图1-6）。

图1-6 南拳已成为我国中小学学校教育的主要内容,《南拳》教材的规范性,更赋予了南拳运动的科学性和生命力

(五)文化传承功能,树起了一座座人格完美且富有时代特征的英雄式人物的历史丰碑

武术与文学艺术的相映成辉,共同塑造时代历史人物。毫无疑问,这其中无论是改革开放初期的港产片,还是影响世界武打影片市场的功夫片,广东南拳都是引领历史和时代文化潮流的武术。

1. 通过影视传媒的传播模式,扩大了广东南拳的社会影响力,成功塑造了一批顶天立地、威武不屈且富有民族气节的血性人物

20世纪40年代末50年代初,为了迎合人们当时对现实武打擂台赛失望之余萌生的对传奇武术史料的追求,扎根岭南文化又位居中国海派文化前沿的香港先知先觉们,以不同的电影电视公司一批批不同的演员,反复拍摄了一系列以岭南武术为题材的"功夫电影"。特别是以金庸、梁羽生、古龙等为代表创作的一系列"武侠小说",如《书剑恩仇录》《龙虎斗京华》《射雕英雄传》《神雕侠侣》等,掀起了"新派武侠小说的热潮",以至于后来人们还把它定位为全新的武打影视门类——岭南传统题材武打电影,即指以黄飞鸿、李小龙、洪熙官、方世玉、叶问等岭南武林人物和故事为题材的影片,客观上为宣传和推动岭南武术起到了不可估量的作用(参见图1-7)。

图1-7　岭南武术理论研究部分成果展示

通过影视传媒的传播模式，扩大了岭南武术的社会影响力，成功塑造了一批顶天立地、威武不屈且富有民族气节的血性人物，他们成了历代炎黄子孙们崇拜的对象和追寻的目标，即使对于现代社会中的年轻群体，也具有极其强大的感召力，甚至依然视其为新一代的偶像。

2. 武林历史人物方世玉、黄飞鸿和李小龙都是土生土长的广东南拳弟子，是弘扬民族气节和民族精神的典范

（1）方世玉。

对于方世玉习武打擂、成名成家等历史事件的记载，尽管存在着许多异议，未得到论证，但这并不影响方世玉作为岭南武林历史文化名人的传奇。方世玉是一个传说中生活于明末清初的武侠人物，是广东民间流传的少年英雄，广东肇庆人，出生年月不详。方世玉的父亲方德是肇庆一个贩卖丝绸的商人，好习武，暗中反清复明，属于少林派，其第一个妻子所生的两个儿子方孝玉、方美玉都是少林派至善禅师的关门弟子。方世玉的母亲苗翠花是"少林五老"中老五苗显的亲生女儿。"少林五老"是少林五位老大——五枚、至善、白眉、冯道德和苗显，他们被弟子奉为"真祖"，都是技击高手，武功上乘。后来五枚、白眉、冯道德改投了武当派，"五老"中就只剩下至善和苗显了。据传，方世玉3岁开始戴铁帽子，脚穿铜靴练习跳跃；5岁扎马步，6岁开始练拳脚，7岁练桩柱，8岁打梅花桩，11岁时"十八般武艺"样样皆通，少林拳更是熟练无比。他个子不高，身形矮胖，仗着一身不怕打的功夫，每次争斗都冲锋在前，带头闯入敌阵。所以，他享有威名的原因可归纳为：

第一，侠胆义骨、爱憎分明、路见不平、拔刀相助的性格，为广大老百

姓所推崇。

第二，在擂台上打死恶霸雷老虎，大快人心。

第三，本人武艺高强，拳技过人。

第四，武侠小说和影视作品的推波助澜。

第五，历史小说《乾隆游江南》中对方世玉的描写绘声绘色，留给人们一种可信度极高的想象空间。

（2）黄飞鸿。

对于黄飞鸿本人，许多文史工作者都曾查阅过《广州市志》《佛山地方志》，还有民国时期有名的《南海县志》《佛山忠义乡志》，以及中华人民共和国成立初至20世纪80年代近百辑的内部印行本《文史知识》，得出过一致的结论：都见不到有关这位草根阶层武功大侠的记载。只有南海《育苗报》主编冯植编写的《南海旧事》里，收录了20世纪40年代流传于广州西关的民间诗歌：

前清十虎说太公，麒英衣钵传飞鸿。

西樵山下显三杰，绿舟一村现虎龙。

即使这是历史造成的一种现实情况，也不能改变岭南武林宗师黄飞鸿有生之年驰骋江湖、益于社会、造福一方的历史威名。原因如下：

第一，岭南民间的习惯，历来是重口头表达，轻文字记载。习武之人中，更是少有可依据史实来整理成稿的文化人。那个时代的江湖武艺，被人认为是卖艺为生，属于"下三流"阶层，而且还是"下三流"中的五大三粗之辈，更加被人瞧不起，文化人自然不会花心思为其舞文弄墨，更加不可能为其歌功颂德而名留青史。由此，难以找到更有说服力的文字记载史料，亦在情理之中。

第二，《广东体育志》中记载，黄飞鸿属洪拳弟子，是洪拳的主要代表人物之一。其师承关系也是脉络清晰，无可争议。黄飞鸿的父亲名叫黄麒英，师从洪拳名师陆亚采，被誉为清末武林"广东十虎"（铁桥三梁坤、黄麒英、黄澄、黎仁超、苏乞儿、黄飞鸿、陈盛、谭济均、周泰、王隐林）之一，且位列第二。黄飞鸿六岁开始从父习武，十二岁起随父亲一起在佛山、南海西樵山一带四处卖艺售药度日。16岁时，随父亲移居广州，在广州西关设立武馆，开门授徒。1886年，而立之年的黄飞鸿在广州仁安街创立跌打损伤专科药铺"宝芝林"。

第三，武医同行的黄飞鸿，后来考取了两广总教习一职，在军阀刘永福军中效力，同时兼营武医馆。期间，接受了各种心怀好意或歹意的各路拳师切磋武艺武功的邀请和挑衅，均无败绩，终成为岭南一代大侠，南派武林一代宗师。

（3）李小龙。

李小龙被誉为伟大的武术技击家、世界武功片电影表演艺术家和截拳道创始人。其祖籍广东省佛山市顺德区均安镇，生于美国三藩市。他的童年和少年是在香港度过的。幼时身体瘦弱，其父为使儿子体魄强壮，7岁时便教其练习太极拳。13岁时李小龙跟随名师叶问系统地学习了咏春拳，并在家中设一座木桩，每天对着木桩勤练不辍。此外，他还练过洪拳、白鹤拳、谭腿、少林拳、戳脚等拳种，为后来自创截拳道打下了坚实的基础。日本人尊他为"武之圣者""武哲"，也尊称他为武学大师，更是因为其总结和提炼出了较为完整和系统的截拳道运动的理论体系。

第一，李小龙依靠电影传播中国武术，其实，李小龙生活的那个时代的欧美电影市场，电影特技效果已经占有一定的市场份额，但他不这么干，他明确表示：即使是拍电影也要尽量保持中国功夫最主要的特点——实用和质朴，而不是虚假的"花俏武术"。

第二，通过影视传媒，推进了中国武术（功夫）在海外的极速传播，带动了世界范围内习练中国功夫的热潮，出现了一个新的英文词汇"Kung Fu"。

李小龙的一生是短暂的，但对现代技击术和电影表演艺术的发展作出了巨大的贡献。他主演的功夫片风行海外，中国功夫也随之闻名于世界。许多外文字典和词典里都出现了一个新词"功夫"（Kung Fu）。在不少外国人心目中，功夫就是中国武术，李小龙就是功夫的化身。

第三，树起了一座中国人好样的且不可战胜的历史丰碑。

西方人眼中的李小龙，永远存留着不可战胜的神话：

①被国际权威武术杂志《黑带》评为世界七大武术家之一，被誉为"功夫之王""武之圣者"。

②美国洛杉矶市将《死亡游戏》开映日（7月8日）定为李小龙日。

③作为唯一入选的华人，被《时代》杂志评为"20世纪的英雄与偶像"。

④入选了200名全球最伟大流行文化偶像。代表作品：《细路祥》（1946）、《唐山大兄》（1971）、《精武门》、《猛龙过江》（1972）、《龙争虎

斗》、《死亡游戏》（未完成，1973年李小龙逝世，1978年重拍推出）。

四、打练南拳的结构特征

打练南拳是依据中国武术运动的基本元素，即踢、打、拿，结合课堂教学的结构、特点和规律创编的，具有南拳运动内容、特点和风格的一个基础套路。完整的打练南拳的单练套路分前后半套，包括起势和收势，共计30个动作，也称"30招基础南拳"。其结构特征如下：

第一，前后半套分开练习，套路中的每一个动作都具有明显的攻防含义。单练时，南派武术的技法技理特点和风格明显；对练时，对打的双方攻防转换完整。

第二，单练套路动作连贯性好，节奏感强；传统武术套路的结构表达完整，即"起势+偶数段（8组）+收势"，整体感强。完全有别于传统的对练套路，起势前后相对，如果单人练习对练动作，则多是原地跳转完成攻防转换动作等。

第三，本套打练南拳的八组动作构成共30招，1～15招（前半套）与16～30招（后半套招）是完整的攻防转换的对练练习。第一组与第五组、第二组与第六组、第三组与第七组、第四组与第八组也是互为对手、攻防转换的对练关系。可根据教学需要，自由组合，灵活安排。即使是完整练习，当第一遍的收势结束后，还可继续第二遍练习。

综上所述，本套路结构科学，内容充实，针对性强。其运动量和运动强度可大可小，灵活掌控，适合于不同教学时数、教学对象和基础水平的学生。也避开了单练时，让人觉得其实是在练习两人对练的某一方的效果，对练与单练可连续完成，还可多次重复，并无痕迹切换。

五、打练南拳的注意事项

打练南拳是基础南拳的内容、形式、能力和水平，注重功架、基本技法和原理，适合于初级者的入门和打基础练习。但练好南拳，不仅仅是凭借基础和方法就可以做到的，还需要积极的态度和务实拼搏、不怕吃苦的精神和干劲。具体注意以下四个方面。

(一) 端正思想，提高认识，打破宗派门户观念

传统南拳的各流派、门派之间，封闭思想普遍存在，甚至根深蒂固。打练南拳，首先就是要树立纯正的指导思想，敢于革新、大胆创造、防止好勇斗狠，端正认识，打破门派之见，反对神秘保守思想、骄傲自大、自吹自擂的陋习和恶习。以弘扬民族精神为己任，尊师爱徒，互相学习，共同提高，促进中国武术运动的健康发展。

(二) 遵循南拳运动的特点和规律，处理好学练过程中的多种关系

加强南拳运动的基本功、基本动作的练习，是打练南拳的基本条件。南拳基本功，功是主要内容，其主要包括速度、力量、灵敏和耐力等。因南拳手法较多，所以，常有"南拳北腿"之说。拳以臂功、腰功、腿功为主要内容，臂功练习以冲拳为主，然后练勾拳、挂拳、盖拳、扫拳、抛拳等。

在学练南拳的过程中，必须遵循教学规律和技能形成的特点和规律，处理好以下几种关系：间接经验和直接经验相结合的关系，传授知识和提高思想觉悟的关系，传授知识和技能、发展智力的关系，以及发挥教师的主导作用与调动学生积极性、自觉性的关系。

(三) 要养成规范学习、科学训练的良好习惯和传统

(1) 训练中要防久停突动。气温较低时，在训练的间歇时间一旦没有活动地站着或坐着，人的身体就容易冷下来。假如忽然出场训练，容易拉伤肌肉。

(2) 训练目标应着眼于增长基本技能，为今后各方面技术的进展做准备。训练时应多安排些进展体能的武术功法，以及提高身体素质能力的某些相宜手眼。其非主要以基本技术为主要内容安排技术训练。技术过于复杂、困难程度又较大的动作应少安排些。

(3) 技能训练时，要严肃对待并做好准备活动。活动须循由缓到快、由简单到复杂的顺序，逐渐进展安置。待身体各部肌肉、韧带、关节都能获得充分活动，内脏机能也随之获得充分动员后，方能进入正式训练。

(4) 室外场地练习或训练之后，要注意保暖，鞋袜不要过紧。手、耳、面部要涂敷防冻膏，以防冻伤，也要防止感冒和冷气、凉气入体，引起后续

不良反应。寒冬到室外练习的时间,最好选在有太阳光时。《内经》曰:"冬三毂䏑,此谓闭藏……早卧晚起,必待日光",即所说的"日出始作,日落已归"。

（5）最好在空气流通而又挡风的向阳地方挑选训练场地。风雨天、大雪天、大雾天,教学和训练地点最好改在室内。

（四）注重桩马稳、桥手硬的多样化练习

桩马就是扎马。马步稳健才能稳打稳扎。拳家说:"未学功夫,先学扎马",扎马练好了,才能稳如铁塔、坐如山,打练起来才有神态,即"手是铜锤脚是马"。练扎马以马步为主,然后再学走马。拖马（步）弓步转虚步,弓步转独立步等。练桥手功以冲拳为主,然后练勾拳、扑拳、扦掌和抛拳,拳出如猛虎,练得硬桥硬马,方能稳扎稳打。

总的来说,稳马硬桥、脱肩团胛是南拳运动的基本技法,但切忌在打练南拳过程中,练习者动作僵室、生硬,有手脚、无腰法。练拳者在习练拳技的过程中,手脚动作均有,但就是没有腰的动作。须知腰力是表现身法、技巧的关键。拳谚说:"练拳不练腰,终究艺不高"。腰是发力的重要部分,手从胸口发,力从腰马生。练腰功要求刚柔并济,如果腰肢呆板、生硬是打不好拳的,也使"力从腰发"的技法不能体现,致使动作脱节,不能连贯,甚至机械地完成动作。其结果是动作有劲无力,没有了力的传递,其便没有了大小、方向和作用点,其结果是产生不了力,至少是力点分散,大大减少了力的效果。

第二章　南拳的形成和发展

"形成"是一个汉语词汇，在某种情况下会与"发展"产生同义，指通过一种或多种事物的发展变化而导致另一种或多种事物产生或者变化的某种情况。意即通过发展变化而成为某种事物或出现或发生某种情况。可见，"形成"和"发展"，两者之间是一种承上启下、前因后果的关系。

一、中国武术教育的历史回顾

武术作为教育内容古已有之，在不同的历史时期，其教育的内容、宗旨和形式都有所不同。

（一）武育内容，自古就是学校教育的主要内容

我国的学校制度最早出现在夏、商、周时期，西周时分"国学"和"乡学"两类，其教育内容以"礼"为中心，文武兼备，以武为主要内容（射、御）。其武术技术和理论内容对后世产生了深远的影响。

春秋时期，官学废除，私学兴盛，出现了我国著名的思想家和教育家孔子和墨子等人。在孔子的教育中，"射、御"是很重要的内容。墨子注重以"体"选材，在教学中很注重武技内容，其"赴火蹈刃，死不旋踵"的宗规，开启了古代武侠之风的先河。秦汉时期，由于"罢黜百家，独尊儒术"，尚武教育渐渐衰退，但军旅和民间武术却日益兴起，从另一个角度推动了武术的发展。

唐代设武举，以武取士，该制度一直延续到清末。宋、元、明、清是我国封建社会的末期，民族矛盾和阶级矛盾尖锐，统治者都很注重武备。宋时学生要"暇日习射"，辽、金、元时期多保留了北方民族尚武的习俗，明时按"六艺"设科分教，而清朝以"骑""射"立国。

清末民初，为了拯救当时的民族危机，一些有识之士借鉴西方施行的尚

武精神教育，主张对学生和全体民众实行尚武教育和基本的军事训练，以抵御外敌，重振国威。武术开始与民族存亡和"强国强种"联系起来，提升了武术的地位，引起了当时文化界和统治阶级的重视，促进了武术社会化的发展。武术被纳入现代教育的范畴，从教学、演练形式、表演和竞赛等都朝着科学化、规范化的方向发展。

1914年，第一次世界大战爆发，全社会掀起了大规模的爱国运动，各界纷纷要求加强军事和体育训练，很多地方开始聘请拳师，教授拳艺，武术开始在较多的学校里得到推行。同年，徐一冰（体育教育家）建议把武术列为小学、中学、师范类学校的正课（必修课）。1915年，当时的教育部明令"各学校应添授中国旧有武技，此项教员于各师范学校养成之"。至此，武术已完全合法、正式地进入学校体育教学之中，成为学校体育的重要组成部分。

中华人民共和国成立之后，党和国家领导人都很重视武术运动的发展，做过很多重要批示："要把武术等民族传统体育纳入各级学校的正规教育""要把推行武术的一操、一拳写进文件，要求每个学生必须做到一掌握，二经常锻炼""高等学校必须重视和加强武术教育工作，面向全体学生，使每个学生终身受益"……现在，武术已经成为中小学体育教育的主要和重要内容，还出现了相当规模的武术特色学校。2004年4月3日，中宣部、教育部联合颁发的《中小学开展弘扬和培育民族精神实施纲要》中提出了"体育课适当增加中国武术等内容"，以及教育部制定的《体育课程标准》和教育部办公厅印发的《普通高等学校体育教育本科专业各类主干课程教学指导纲要·武术类课程教学指导纲要》，进一步明确了武术在学校体育教育中的地位和新时期加强学校武术教育的重要性。

应该说，从国家教育顶层设计的层面来限项（项目和内容），则是"两会"之后的事。体育的内容和项目，也有阳光的和不阳光的或不健康的。同样，武术也一样，有些更加明显，且根深蒂固，深入到意识形态。

（二）武育策略，上升至国家战略

武术的价值、功能、作用和效果，已从国家层面得到了认可，其主要标志是：2017年"两会"期间，教育部将足球、武术、田径、游泳、篮球、排球、体操确定为"七大校园教育运动项目"。

仔细分析上述7个项目，我们不难发现其中明显的属性特点：足球、篮球、排球是培养团队协作精神的集体项目，田径、游泳、体操属于发展体能、技能的基础类项目，而武术则是培育和弘扬民族精神的中国传统体育项目。这充分体现了新一代领导集体夯实国民体质基础、弘扬民族文化的长远战略眼光。

武术是中国传统文化的瑰宝，博大精深，源远流长，被誉为中华民族的国术，伴随着中国历史与文明的进程逐步发展、演变而来，成为华夏文明史上一颗璀璨的明珠。近年来，胡锦涛、习近平等党和国家领导人在毛里求斯、俄罗斯索契以及会见英国威廉王子等场合多次提到了武术这门国粹，充分表现出对武术的关心和支持。练武有什么好处？通俗来说：男人像男人，女孩英姿飒爽（有气质、有胆略）。少年强则中国强，中华民族要彻底摆脱近代史上"东亚病夫"的帽子，恢复盛唐时的豪情和气象，强国强种，就要从娃娃抓起，让武术自始至终伴随着每个中国人的成长历程，让武术真正成为全民习练的国术。磨炼意志品质，弘扬民族精神，提振民族气节，实现中华民族的伟大复兴。

总之，武术从体育项目入手，通过文化教育过程，起到精神弘扬、品德培育、意志磨炼的作用，实现凝心聚力、家旺国强、民族振兴的"中国梦"。

二、广东学校武术教育的现状与现实研究

中华人民共和国成立之后，特别是改革开放后，我国学校武术教育得到了各级政府的重视，中小学武术教育现状有了明显的改观。但随着社会的不断发展和变化，学校武术教育也出现了许多不尽如人意的地方，如体育教师分工不明，专业水平偏低；课堂教学使教师教起来累，学生学着更累，无法从根本上提高学生的积极性，造成了"学生喜欢武术，却不喜欢上武术课"等现象。

广东作为我国改革开放的前沿和窗口，已有研究学校武术教育现状与现实的省部级课题成果，就广东省中小学校武术教育的现状与现实得出了基本结论并已通过结题验收，本书便为该课题的主要内容。

（一）研究对象和方法

选取广州、佛山、深圳、韶关、揭阳、梅州六个地区抽样发放问卷，具

体发放原则是在每个地区选取高中、初中、小学各 2～4 所,共 26 所学校;每个学校抽样选取任意一班的学生和工作三年以上的体育教师为调查对象;并分别组织一次校长和家长座谈会。发放问卷 682 份,成功回收 653 份,有效回收率为 95.75%。其中,有效问卷 625 份,占回收问卷的 94.57%。

具体采用了文献研究法、问卷调查法、访谈法、观察法、个案法、数理统计和逻辑推理等研究方法。

(二) 研究结果

1. 学校开设武术课情况和师生对武术的认识

学校开设武术课情况如表 2-1～表 2-3 所示,师生对武术的认识如表 2-4～表 2-6 所示。

表 2-1　学校重视武术课的教学程度

效度项	频率	百分比	有效百分比	累积百分比
非常重视	39	6.2	6.2	6.2
重视	97	15.5	15.5	21.7
一般	274	43.9	43.9	65.6
不重视	215	34.4	34.4	6.5
总计	625	100	100	100

表 2-2　学校武术课程开设中教学内容采用情况

效度项	频率	百分比	有效百分比	累积百分比
自编内容	2	5.8	5.8	5.8
自选内容	16	47.1	47.1	52.9
按原有的大纲	16	47.1	47.1	41.3
总计	34	100	100	100

表 2-3　对学校体育教师武术课教学方法满意度情况调查

效度项	频率	百分比	有效百分比	累积百分比
满意	126	20.2	20.2	20.2
基本满意	368	58.9	58.9	79.1
不满意	131	20.9	20.9	0.7
总计	625	100	100	100

表 2-4 体育教师对《体育与健康课程标准》武术内容了解程度

效度项	频率	百分比	有效百分比	累积百分比
完全了解	2	5.9	5.9	5.9
了解	16	47.1	47.1	52.9
稍有了解	15	44.1	44.1	37.1
不了解	1	2.9	2.9	4.1
总计	34	100	100	100

表 2-5 学生对武术了解的途径

内　容	排序	样本量	对应百分比	效度统计
电影，电视	1	306	49.0	84.9
武侠小说	2	161	25.8	44.6
学校体育老师	3	92	14.7	25.4
其他	4	35	5.5	9.5
民间拳师	5	31	5.0	8.7
总计		625	100.0	173.1

学生学习武术的动机、目的是多方面的。从调查统计可知，选"强身健体"的有 376 人，占 60.2%；"防身自卫"有 374 人，占 59.8%；"培养自己的坚韧品质"有 223 人，占 35.7%；"了解中国文化"有 184 人，占 29.4%；"其他"仅有 35 人，占 5.6%。可见，学生学习武术的动机是健康、正确的，但要加强对武术文化方面的教育。离开了武术丰厚的文化底蕴，谈武术的健康教育、武德教育、可持续发展等是不现实的。

表 2-6 学生感兴趣的武术内容情况统计

内　容	排序	样本量	对应百分比	效度统计
散打	1	226	36.1	64.7
徒手套路	2	184	29.5	52.9
器械套路	3	133	21.3	38.2
功法	4	51	8.2	14.7
其他	5	31	4.9	8.8
总计		625	100.0	179.4

2. 学生学习武术的情况及武术师资状况

学生在校外学习武术的情况比较普遍，兴趣也相对大些，家长对其功夫水平的认可程度也要高出许多。认可校外武术教育、训练的超过了50%，留在本校接受训练的不足30%，还有一部分干脆回答"不知道"。出现这种情况，一方面是学生和家长都喜欢新奇；另一方面，"学校武术"与"校外武术"还存在一定的差异或差距，现有学校体育教师的武术专业技术、教学能力也是一个值得思考的问题。在问卷调查过程中发现，家长们普遍存在"跟风"现象，即哪儿学武人多，哪儿方便，哪儿小孩喜欢就去哪里，对教练水平的要求退居次要地位。

关于武术师资状况。在大学里专项选"球类"的占32.4%，"田径"的占29.4%，"武术"的占20.6%，"体操"的占8.8%，"其他"的占8.8%。由武术人来发放武术类调查问卷本来就带有倾向于武术特色项目学校的趋向，但结果依然是在大学阶段接受过武术训练的比例明显偏少，具备由学生和家长们称得上武术专业教师的数量还非常少，很大程度上也影响了武术"真功"在人们心目中的形象，这对于学校武术教育的健康、快速发展无疑是个障碍。

3. 校长对武术教学的意见和希望

各个学校的校长对于学校体育课增加武术内容都表示赞同。武术教育在学校的领导层首先得到支持，为武术教育的顺利开展奠定了基础。但他们还是担忧：这样是否会影响学校校风、学风建设呢？可见，真正要在某一学校增加武术教学内容，还是会有不小困难的。

普遍认为，武术可以强身健体、防身自卫，可以培养学生吃苦耐劳和武德方面的修养，可以弘扬民族精神和增强民族自豪感。但校长们对武术活动的安全性有看法，主要是指散打项目，其主流看法是：其一，散打开展后担心学生受伤，家长找到学校，校方担不了这个责任；其二，助长学生打架斗殴的气氛，不利于学校管理。

4. 学生家长对武术教学的意见和希望

学生家长对武术教学的意见和希望总体有以下三个方面：第一，教学内容感觉没有计划性和针对性，或者千篇一律，没有新意，对小孩缺乏吸引力；第二，教学形式不灵活，针对性不强，感觉小孩学不到什么东西；第三，教学环境随意性太大，教学场地经常变换，在所有教学用的场地中，感觉武术训练环境、场地是最差的，明显比跆拳道的场地差，觉得小孩学习武术没有档次。持第三种观点的家长，分布在市区的占绝大多数，他们也敢于发表自己的意见和看法。

在学生学习武术与文化课之间的关系方面，大部分家长认为，处理得好，是不会影响文化学习的，表示支持孩子学习武术。但也有一部分家长，特别是高中阶段学生的家长，希望学生在不影响学习的情况下学习武术。有些家长还认为，在进入高考总复习的时候，就应该放弃武术训练了。

5. 武术与民族精神的弘扬与培育

问卷调查什么是"民族精神"时发现，许多学生难以准确表述概念的含义，但又有个模糊、大致、方向性的理解。选"了解"的有413人，占66%；"不了解"的有212人，占34%。从电影、电视了解武术的人数最多，有301人，占48.2%，其次是武侠小说；再次是通过学校体育老师了解，仅95人，占15.2%；从民间拳师的途径了解武术的人数最少。可见，相对于学校开设的其他课程的教育，体育课在如何教育和引导学生健康成长方面还有很大的发挥空间，也说明学校武术教学还流于形式、停在表面。青少年是祖国的未来和希望，现在看来，对中小学生的民族精神教育是我们平时学校教育的一个薄弱环节。

（三）中小学校武术教育中存在的主要问题

目前，在我国的中小学校武术教育中存在以下主要问题：

（1）武术动作技术复杂，不易练习和记忆，与跆拳道相比更不容易练好，还辛苦许多。

有相当部分学生、校长、家长认为武术过于繁杂，没有跆拳道等外来武技简单易学，且武术难于记忆，如果练得不好还很难看，加上又不是奥运项目，大部分学生觉得上武术课比上其他体育课程累，持这种观点的人数占被调查总人数的60%以上。可见，武术要真正走进校园，并被学生、家长从心底里所接受，自身从其内容、形式等方面进行改变不可避免，是大势所趋。

（2）单纯开展竞技武术的模式不利于学校武术的普及和推广。

竞技武术的模式无疑对学校武术会产生影响，但现在武术竞技单纯以规定的竞赛套路为标准，而丰富多彩的武术内容和形式，学生们只能从影视和其他途径看到或听到，学生感觉枯燥、乏味，认为这不是自己当初想学的

"功夫"。也难怪，学校参加武术比赛是为了获得名次，只能按照竞技内容练习。导致的结果是这些套路的高难性决定了只是少数受过专业竞技武术训练的学生参与和获得名次，大部分学生只能望而生畏，大部分学校的设施也达不到发展竞技武术的要求，只有放弃。

（3）武术在推广过程中，忽视其本质属性——技击性，导致人们失去了对武术的期待和吸引力。

众所周知，武术具有强身健体、娱乐观赏的作用。长期以来，我们也是有意宣传武术的这两大作用，淡化其技击价值。但前两种作用是所有体育运动项目共有的，唯有技击性是特色，也是最有吸引力的地方。武术套路应突出武术的攻防含义，不能仅仅满足"散打"那种简单的技击方法，何况在中小学校开展"散打"，至少看法还有不同，观念还需转变。

（4）武术教材明显滞后。

在对广州市中小学学习武术内容的调查统计中发现，很多学生希望学习少林拳、南拳、咏春拳、太极拳和一些传统武术。南拳、咏春拳在广州市中小学乃至整个东南亚一带都有很好的群众基础，还有就是这些拳种在影视作品中展现较多，如李小龙练咏春拳的经历等。现在小学、初中体育教材中的武术内容，以长拳为基础，高中教材从 2004 年 7 月广东教育出版社出版的《体育与健康》（高中部分）中才开始有南拳、散打等其他内容，但内容很少、很浅，并且在开课过程中限于条件，基本上名存实亡。中小学生没听过"长拳"一词，总觉得没有少林拳、南拳、太极拳等过瘾；加上拳种的名称（如少年拳、初级长拳等）没有迎合青少年的口味，学生更没了兴趣。

（5）武术教法机械、呆板、枯燥，课堂气氛没有生机和活力。

我们现在的武术课教法一直沿用传统的师传弟授式的并联形式，说教为主；加上教授武术动作时只是简单的模仿，然后是反复的练习记忆和体操方法式的教学、训练，导致内容枯燥、课堂气氛严肃，学生对老师有畏惧感，更不敢主动提问，只能被动接受，不能发挥他们的积极性和创造性，更没有趣味可言。在对学生进行武术课和其他体育课哪个让他们感觉更累的问卷调查中，觉得武术课更累的占了65%，除了体力累，还有心理、心力方面。

（6）武术礼仪和武德教育是学校武术教学中的一个空白。

武术课上的礼仪只有一个抱拳礼，学生不知道"抱拳礼"的意义。在问卷中发现，大部分老师也不能很好地解释，其他武术礼仪更是闻所未闻。武德的教育靠教师自己掌握，教材中没有规定，教师也不能很好地解释武德所包含的内容，如校方、家长有要求，也是让他们望而生畏，说不清楚。

(四) 分析与讨论

1. 普通中小学校开展武术课的价值定位

(1) 坚持"健康第一"的指导思想，培养学生健康的意志和体魄。

"健康第一"是"新课标"的主要精神，中小学校中的武术教学要摒弃竞技武术运动体系的教学观念，淡化竞技化的教学方法，无论是课程内容的确立和选择，还是武术教学方法和评分方法的采用，都应围绕这一指导思想来进行。力求通过武术教学不仅促进学生的身体健康，而且提高学生的心理健康水平和社会适应能力，培养学生健康的意识和体魄，充分体现武术课程的育人功能。

(2) 改革课程内容和教学方式，努力体现课程的时代性。

随着时代的发展、社会的进步和教育的改革，原武术教学内容、方式和根深蒂固的传统模式，不能适应未来社会发展对人才的要求。要在继承优良传统的基础上，大胆改革、开拓创新。在改变传统的"灌输—接受"的教学方式的基础上，师生之间变成交往合作、共同发展的互动关系。教师不仅传授武术运动技术知识和技能，而且与学生一起分享对武术课程的理解和快乐。

(3) "武德"教育与法制教育作为教材内容的主线贯穿其中，注重对学生"武德"的培养和教育。

现在的武术教学只是教授动作方法，武术中所蕴含的民族精神却没有要求，教材中更没有提及，这使本该具有很强传统文化感染力的武术没有了它的文化品位，而只有单纯的体育运动技术。其实，在中国历史上，武林人士那种"宁可站着死，不愿跪着生"的爱国品质和高尚情操比比皆是。"武德"教育是教会我们做人的准则，成就大业，立身社会，首先必须学会做人。同时，处理好武德与法制的关系也是必不可少的。

2. 中小学校武术教学内容的选择应遵循的基本原则

(1) 不拘泥于统一的武术内容，可考虑各个学校的办学特色及其所属地域的文化风俗习惯。

根据地方特色和民风民俗情况，增设不同的"机动"内容。例如，广州天河区"移民"成分相对较多，北方拳种有一定市场，可走长拳和南拳等拳种共同和谐发展的道路；广州番禺区、白云区等南拳、南棍、南刀等是

主体，可突出南拳类，发展竞赛类项目等内容。

（2）内容丰富，具有时代美感。

学校武术内容选择应丰富，具有特色和时代美感。如可根据不同年龄、性别、爱好等选择学练不同内容。女生的柔韧性及基本功练习，可把柔韧性及基本功编成优美、大方的操式练习，配上时代美感或民族音乐，让女生听见或看见就想练，既可练好体形，培养对武术的爱好，又可为练习武术打下良好的基础。

（3）武术课堂教学中，应重视其文化内涵和民族精神内容的教学。

从古到今，"未曾学艺先学德"都被列为习武者必须遵循的条规之首。通过武术教学，强调"武德"修养，培养民族气节和民族精神，才是我们教学的最终目标。

3. 中小学在武术教学教法运用上应遵循的基本原则

（1）学练结合，以学生练习为主。

课堂教学环节，让学生学会是前提，但学会后应该让学生在练习中去体会和感受动作要领和方法，从而体会武术带来的快乐。淡化套路，使技术简单化，使学生易学易练。

（2）鼓励学生发现和找寻自己的武术运动风格，创新适合自己的动作组合。

支持学生去创新动作，不要用"错误"和"正确"去评定学生的创新，让学生发展自己的想象力，在创新的过程中体验学习武术的乐趣。

（3）区别对待，注重学生武术学习过程中爱好和专长的形成，奠定学生终身求索的基础。

在教学中，鼓励学生自己去学习，在学习完武术基本内容之后，引导学生自主选择学习内容。我们认为，学生多学或少学一些武术竞技技能和掌握武术动作是否规范等，并不是十分重要的。如何培养学生的运动兴趣、爱好和专长，养成锻炼的习惯，才是武术课堂教学最重要的事情。

4. 以武术来弘扬民族精神的设想和途径

应给予武术特定的地位——弘扬民族气节、增强自信心和强身健体的需要。规定中小学生每人必须至少会一个武术套路；规定武术课在体育课中的比例；规定每个学校都应该有武术表演队作为本校的窗口来展现学校的精神风貌等。还应规定武术文化的教学课时；在升学环节的体育加试中增加武术内容。中小学运动会规定要有武术项目，定期举办中小学武术比赛，各种运动会举办武术团体操比赛,各镇规定要有一至两所以武术为特色的学校。教育局定期考评学校武术活动开展情况,并结合校纪、校风的情况进行综合评定;建立学校对教师的考核,学校对学生的考核、监督制度。

在武术教育的环节方面,原则是:以武术技术为手段,以武术所包含的"武德"含义为主要教学内容。对学生的考核从两方面进行,即技术考核和理论与行为准则考核。"技术"考核以本学期的学习内容为主,允许学生根据自己的理解来发挥和创新;"理论与行为准则"考核,主要包括武术基本理论与武德、遵守校纪校规和好人好事等情况两方面。

(五)结论

(1) 学校武术教育得到了各级政府的重视,武术已成为我国中小学校体育教育的主要和重点内容,中小学武术教育现状有了明显的改观,出现了许多以武术为办学特色的传统学校,学生、家长、教师和校长等都积极主张学校开展武术活动。

(2) 中小学武术教育也存在着一些不尽如人意的地方,主要表现在:武术动作技术复杂,不易练习和记忆,与跆拳道等相比更不容易练好,还辛苦许多;单纯开展竞技武术的模式不利于学校武术的普及和推广;武术在推广过程中,忽视其本质属性——技击性,导致人们失去了对武术的期待和吸引力;武术教材明显滞后,武术教法机械、呆板、枯燥,课堂气氛没有生机和活力;武术礼仪和武德教育是学校武术教学中的一个空白等。

(3) 中小学武术教育应遵循的基本原则:在价值定位上,坚持"健康第一"的指导思想,培养学生健康的意识和体魄;改革课程内容和教学方式,努力体现课程的时代性;"武德"教育与法制教育作为教材内容的主线贯穿其中,注重对学生"武德"的培养和教育。在教学内容选择上,不要拘泥于统一的武术内容,可考虑各个学校的办学特色和所属地域的风俗文化习惯;内容丰富,具有时代美感;武术课堂教学中,应重视其文化内涵和民族精神内容的教学。在教学方法上,学练结合,以学生练习为主;鼓励学生发现和找寻自己的武术运动风格,创新适合自己的动作组合;区别对待,注重学生武术学习过程中爱好和专长的形成,奠定学生终身求索的基础。

三、南拳运动技理技法及其特点、风格的形成原因

尽管南拳内容繁多,流传面广而杂,但因为我国南方各地所处的地理地貌与社会人文的环境相近,生活习俗相同,再加上南方人的生理结构、生长发育等遵循着共同的发展规律,导致南拳运动形成了富有共性的特点、风格。

(一) 技理技法

技理技法即技术原理和技术方法。南拳运动的技术原理主要强调的是步不稳,则拳不发;步不快,则拳慢;步不稳,则拳乱;蓄势待发,力从腰发。由此,南拳运动的技术方法紧密围绕其原理丰富地展现和运用。

1. 步法稳健,手法多变

练习南拳时,强调以桩步为基本功,故重心较低,步法稳健,手法丰富,变化多样,常常步型不变,却做出各种不同的手法。

2. 防反打法,紧凑刚健

南拳均要求动作朴实、紧凑,强调攻防技击作用,很少花巧动作。其无论是传统套路的创编理念与结构,还是现代竞技套路的与时俱进,南拳的整体风格都强调防守反击。防守时,以脱肩团胛的身法相匹配;反击时,通常以硬桥稳马过渡,力达拳掌。

3. 快慢相间,长短并用

练习南拳时,动作该快的要快,该慢的要慢,快慢相间。南拳手法有长桥、短桥之分。在每套动作中,有大开大合的长桥动作,也有小巧精干的短桥动作。故在演练中,变化复杂,运用灵巧,使长、短桥巧妙结合,配以或快或慢的节奏变化,就形成了一套紧凑的套路。

4. 气沉丹田,发声吐气

南拳练习时,经常闭气蓄劲,要气沉丹田,使腹部鼓荡。身形踏实稳健,下盘稳固,意稳神守。出拳时,通过拧腰、蹬腿、转髋发劲,使劲力迅速通过腰、背、臂而力达拳面或掌根,同时发出喊声。在发声的同时,把肺内的废气吐出,故有"吐气开声"的说法。但发声是有原则的,不得乱喊乱叫。

（二）特点风格

"特点"指人或事物所具有的独特的地方。技术特点是指人类在利用自然和改造自然的过程中在不同领域积累的经验、知识以及其他操作方面的技巧所具有的独特的地方。南拳的运动特点指练习南拳时，练拳者运用和演练的动作技巧所表现出的独特特点和风格。它主要具有以下特点：

（1）运动技法中，重拳法，较少腿法，腿法强调低腿，主张"腿不过膝"。

（2）套路动作中，基本都是技击性的实战动作，很少花巧性的动作穿插。

（3）强调刚柔相济，但整体风格还是以刚为主，且各拳派特点明显。既有以刚劲、长劲为主，势雄力猛，有些甚至是由刚而至僵的拳种；也有个别套路强调柔，甚至柔似无骨，如柔门功。

（4）重桩步，较沉雄，少穿蹦跳跃。

（5）重象形和重取意。象形就是模仿动物的搏击特长，并加以不断提炼，如双形、五形、十形以至十二形等；取意即吸取意境，吸取动物的搏击技法，不重形似，明显与北方象形拳重形似（如鹰爪拳、猴拳、螳螂拳等）不同。

（6）粗犷威猛、发声吐气助长肌肉发力。

这里还要说明的是南派器械的练法，遵循南拳的技法规律，具有动作朴实、刚劲有力、勇猛雄浑的运动特点，而且活动范围较小，既可以单练，也可以对练。综述南派器械的内容，与北派器械相比，南派器械具有明显的属于自己的性格特征，主要内容表现如下：

①各种器械均以适应近代实战需要的技法为主，在古代实战中常用而近代少用的传统性、花巧性的器械较少，其技法更少。

②便于随手拿来、随身携带、方便搏斗的器械较多，表演性、观赏性的较少。因右手力量和灵活性均优于左手的主导理念（"左撇子"除外），从实战出发，棍、枪还是采用右把持法（与北方左把不同），即右手在前。

③一些生产工具、生活用品、家用装饰品、身上饰物等常被用作临时搏杀器械，且有较为完整的单练技法及其套路的经典拳谱记载。

(三) 南拳运动的形成原因

南拳是中国武术大家庭中的一个有机组成部分，从其产生和形成之日起，就生存于南方这一广袤而复杂的环境中，再根据其流传和发展于不同的社会历史时期的客观现实，南拳不断成型、成熟、发展和完善。在内容丰富、形式多样的中国武术中，相对于其他拳种，南拳拳系的个性特征明显。那么为何会形成如此不一样的南拳呢？下面从以下几个方面加以说明。

（1）自身内在因素。

南拳的技理与技法之间的相互作用和影响，协调并促成了南拳运动特点的形成。基本技术方法反映了南拳拳系富有共性的方法和技巧，依据其内在规律，它规范着南拳的运动特点。南拳作为一种身体运动的表现形式，其技术方法同样需要通过不同的练习者来实现和完成，但不同的练习者一定会表现出完全不同的身体素质和意识形态，受练习者的力量、速度、耐力、灵敏、柔韧及其对技法的理解力的影响，使同样的南拳套路及其技法在使用和演练时，便有了明显不一样的运动风格，展现着不一样的运动特点。可见，运动特点对基本技法具有反作用。基本技法是运动特点的内在依据，而运动特点则是基本技法的外在表现。例如，咏春拳的形成，就是拳种的技理与技法之间相互作用和影响，继而不断完善，形成了咏春拳运动特点的一个很有说服力的成功的典型范例（参见图2-1）。

图2-1 "南拳"的威势与霸气

据传，福建女严咏春，根据蛇与鹤相斗时的各种形态，参照蛇与鹤搏斗时的缠绕吞吐动作，吸取了当时在福建较为流行的永春白鹤拳派中的含胸拔背（即永春拳谱中的"龟背鹤身"）和沉肩坠肘的技术要求，同时借用了永春白鹤拳派中常用的三角马（步），结合自己擅长的南派少林拳中搏击较强的招法，并采纳了少林拳中的小四平马（高桩）作为创立新拳技的基本步型。除此之外，还采用了很多别的拳派的手型、手法、步法来重试新拳，创造出以手腕变化来化解对方进攻的"手动"招式，早期的咏春拳基本形成。

（2）自然环境因素。

岭南地区得天独厚的地理条件和岭南人独特的生活方式，为南拳运动提供了可供生存的土壤和环境。岭南地区特别是珠江三角洲，水系纷繁，港口和水运发达，船舶是主要的交通和运输工具。在这样的环境下，岭南人即使在平时的生活和劳作中，为有效地维持平衡和稳定，也需要五趾抓地，并微降重心。在武术练习甚至是对抗的打斗过程中，要有效保护自己，真正形成具有明显的打击与抗击打能力的威力，稳马硬桥、脱肩团胛、手法多变等传统南拳的技法特点和风格便适时、适地地自然形成了。无数的实例和实践证明，只有这样的技法内容和运动特点，在实用打斗中，才是最为有效的方法。

（3）社会环境因素。

岭南地区水上居民的生产方式和生活习俗，构筑了传统南拳技理和技法的根基。南方的农田，雨水量丰富，还有较深的泥巴，农民都是赤脚耕作，田里的泥巴湿滑，导致农民加大两脚之间的横向距离，脚尖内扣，脚跟外撑或屈膝降低重心，以增加自身的稳定性；再者，水是农作物不可缺少的资源，家家户户都需要，因此平时的生产劳动中，耕作者之间为了水也易发生冲突，甚至引起打斗流血事件，如宋代，福清"县陂自唐天宝间胤流灌田凡数万亩，岁久沟湖为毫右所侵，遇久旱，民挺忍争水，诉不绝"，农村发生争斗，双方都在很窄的田垄上搏斗，占有先机并取胜是第一要素，为了稳妥起见，都不敢贸然起腿攻击对方，也不能有太多的蹿蹦跳跃和闪展腾挪，只能发挥双手的技法攻击对方并有效保护自己。

水上居民生活习俗的最大特点就是"浮家江海""以舟为居"，陆居者也多于江岸搭个简易的"茅寮"或"水棚"，一叶扁舟，既是他们的居室，又是运输和生产工具，长期的水上生活，以舟为家的传统，也练就了他们稳马硬桥、身居中央、八面进退等技能。人们在闲暇之余，为了提高自己的战斗力，根据实际打斗的需要，久而久之便形成了南拳手法较多、腿法较少、沿中纵击、未定不移、未稳不发等独特的运动风格和技理技法。

（4）个体差异性因素。

岭南人的生理结构和心理特点，是传统南拳的技法及其运动特点形成的条件和保证。从普遍的身体特征来说，南方人较之北方人身材要矮一些，长得小巧玲珑，下肢较短，根据搏击过程中"一寸长、一寸强"的原理，用腿踢人是其所短，而手的运用对于精明、敏捷的南方人则是一种优势。此外，神经系统对上肢肌肉、系统的控制灵活、精细，上肢运动时能量消耗比下肢少，产生的热量少，符合南方人耐热的特点。这样，来源于生产劳动的岭南武术，便形成了手法多、桩步稳、拳势激烈、动作紧凑等拳法风格，素有"未学功夫先扎马""拳打卧牛之地"的说法。

（5）其他武舞技影响因素。

中原武技的传入和岭南民间舞蹈的影响，加速了南拳的技法及其运动特点的进一步形成和成型。每一次北方社会的动荡，伴随而来的就是一次"南迁"，许多优秀人才，便在这样的迁徙中来到了岭南，特别是广东。他们带来了中原的武术。史实已经证明，中原武术特别是少林武术的传入，更是全面且深入地影响了传统南拳的技法、特点和风格。例如，南枝拳的筑基功（入门拳），就是源于少林拳的"四步拳"；蔡李佛拳有"南拳北派化"之称，其动作技法和运动特点更是注重凌厉速疾，一发连环，更兼手脚并用。

岭南民间舞蹈寓意深刻，对岭南南拳影响更是直接和深远。其舞蹈风格步法矫健，迈步坚实而沉稳，刚劲热烈，豪情奔放，一看便知富有浓郁的岭南风俗特色。这种舞蹈风格的产生和形成，与传统南拳以体刚劲粗、稳马硬桥、五合三催、发声呼喝等技法来助气势、助形象而形成的拳种风格相吻合（参见图2-2）。

综上所述，岭南文化包容和善于吸收外来文化的开放风气，影响了南拳的技术方法及其运动特点的形成；岭南人既保守又创新的性格，最大限度地保留了传统南拳的精髓，使传统南拳不失传统又富有现代发展和创新的气息；蓝色海洋文化拓展了岭南人的思维空间和想象力，赋予了岭南南拳更丰富、更讲究实效性的技理技法，形成了更加多姿多彩的拳种风格，使其具有更旺盛的生命力。

图 2-2　粤东饶平的"布马舞",武与舞联系紧密

四、打练南拳的创编背景

20世纪80年代,正处于我国改革开放之初,人们积压已久的激情需要释放,沉淀多年的人才扎堆破土,曾经一度枯萎了的社会,也渴盼着阳光和雨露(哪怕雷电和风雨)。可以毫不夸张地说,那是我国一个风起云涌、群情振奋、满怀激情的社会大健康的美好时代。在这样的时代背景下,文化输入是主体趋势,是久逢的甘露。广东传统武术的强身健体、学校教育、对外交流等均需要寻找新的机遇和土壤。

(1)广东南拳所具有并已形成的"大环境"的影响和促成。

中国武术作为中华民族传统文化的有机组成部分,武术教育是民族气节、国民胆略、国家强盛的必要保证。特别是中国进入近代社会之后,广东武术与中国社会发展的时代脉搏紧紧相连。广东毗邻港澳,作为我国改革开放的前沿和窗口,"春江水暖鸭先知""孔雀东南飞",港台影视业席卷中华大地,特别是香港功夫影片更是一枝独秀,影响深远。功夫影片中所展示的功夫内容和情节主题,几乎都是以南派武术尤其是南拳为主,从江湖恩怨到国家存亡,大都以"匡扶正义""精武报国"为中心内容,吸引了观众的眼球,更是强烈地召唤着青少年群体习武练技,永不言败,争当豪杰的英雄梦。

(2) 已成为学校教育内容的传统南拳，急需规范、科学、与时俱进的教学内容。

广东南拳从最初区域性、地域性的较小、较窄的传承，到现在广泛和深远的历史、体育和文化的传承传播，其发展经历了三个阶段，即：传统南拳的百家争鸣、竞技南拳的规范推广和现代南拳的与时俱进。已成为学校教育内容的传统南拳，急需规范、科学、与时俱进的教学内容，才能充满生机地融入时代发展的潮流中，被青少年所接受，走进青少年学生之中。

(3)《中国武术段位制教程》创编工作的需要、启发和有效推动。

国家体育总局（原国家体委）于1998年颁布试行的《中国武术段位制》是一项全面评价习武者武术水平的等级制度，目的是通过段位制考评，推动群众性武术活动的开展，加快武术进入学校的步伐，促进传统武术的继承和发展，广泛发挥武术在增强人民体质和培育民族精神中的作用，以及促进中外文化的交流。经十年试行，中国武术协会、国家体育总局武术研究院决定修订《中国武术段位制》，使之从试行步入正式推广，由套段转为考段，进入规范化、标准化的发展阶段。为此，国家体育总局武术研究院于2008年5月开始，选择了15个流传较广的拳种和器械以及深受群众喜爱的武术功法和自卫防身术，在全国范围内组织了一个阵容强大的专家团队，着手制定段位考评标准、创编段位考评内容，并编写配套的《中国武术段位制系列教程》，本人有幸参与其中。在编写，特别是在后来的段位制考评工作中，南派武术仅有"咏春拳"列入其中（第一批），由此，广东省开展段位制推广工作，遇到了一时难以解决的问题，那就是：要考试武术段位，获得段位制等级证，不管你是练洪拳、刘家拳、蔡家拳、李家拳，还是蔡李佛拳、南枝拳、白眉拳、太虚拳等，都只能考试咏春拳。这样，遭到了许多民间拳师的强烈反对，段位制工作推广受阻。共性的南拳类拳种，以段位制形式和内容尽早呈现，更显可行性和必要性，有效尝试在所难免。由此，具有了下述原则：打练结合，再现传统武术的本来面目；逐段增加武术技术元素；逐段增加动作数量和动作难度。

第三章 广东南拳的流派及其地域分布

随着广东经济、文化、科技和体育等领域不断取得杰出成就，岭南武术在中国武术大家庭中的作用和影响不断扩大，广东南拳更是长盛不衰、一枝独秀，似乎成了我国"南拳"的代名词。我国现阶段开展的竞赛南拳，以及中国武术联合会向国际武术联合会推广的"国际武术竞赛南拳"，就是以广东南拳中的洪拳、蔡李佛拳、侠家拳等传统拳派为蓝本创编而成的。武术与生态学关系密切，依据生态学原理，广东武术可分为三大类，即广东原生态拳系、广东再生态拳系和北方原生态拳系。诚然，广东南拳的内容，只是涉及前两种，由此，广东南拳各拳派、流派的分类，可分为原生态南拳和再生态南拳。

一、广东原生态南拳

"原生态"这个词是从自然科学上借鉴而来的。生态是指生物和环境之间相互影响的一种生存发展状态，原生态是指事物生存的一种自然状况。一般定义为没有被特殊雕琢，存在于民间原始的、散发着乡土气息的表现形态。由此，广东原生态拳系有广义和狭义之分：广义概念，就是指古越族人民在生产、生活实践中创造的、在民间广泛流传的"原汁原味"的传统武术形式，它们是中华民族"口头非物质文化遗产"的重要组成部分；狭义概念，指以广府文化为主线，以广州、佛山、深圳、珠海、中山等为中心，主要流传于珠江三角洲一带的岭南地域性传统南拳，如洪家拳、刘家拳、蔡家拳、李家拳、莫家拳、蔡李佛拳、龙形拳、咏春拳、白眉拳、侠家拳等。

（一）洪家拳

洪家拳也称洪拳，被誉为广东传统五大名拳之首，是洪门（清代民间以反清复明为目的的秘密组织）假托少林传习的一种拳术，已有300多年历史。它模拟龙、蛇、虎、豹、鹤、狮、象、马、猴等动物形态及其特性创编（参见图3-1），有龙形拳、虎拳、虎鹤双形拳、五形拳、十形拳等。此外，还有单弓伏虎拳、双弓伏虎拳、铁线拳。拳法特点是手法多变、硬桥硬马、步稳势烈、刚劲有力、发力有声。

图3-1　依据林世荣拳像绘图的洪家拳技"猫儿洗面"

洪家拳主要在粤、鄂、湘、桂、晋等地和美国、加拿大、澳大利亚、东南亚及我国的香港、澳门等地流传。

（二）刘家拳

有关刘家拳的来源有多种版本，一为北江刘生所授，二为刘三眼所传，三是刘青山所创，属广东传统五大名拳之一，约有200年历史。到20世纪80年代，除中山市外，打刘家拳的已不多见。拳术套路有大运天、小运天、十拳、天边雁、八图功和刘家五形拳，器械套路有刘家棍和刘家刀等。拳法特点是攻守自然，突出"灵""突"二字。步法多用吊马、拖马、侧闪等；身法有"蜘蛛爪、虾公背"之说，即桥手要快捷如蜘蛛捕食，肢体转动如虾在游动时躯体屈伸运转自如。

刘家拳主要在广东中山的南朗、大冲、三乡和湛江的钦州、廉州、高州等地流传。

(三) 蔡家拳

蔡家拳相传由清朝乾隆初年广州番禺人蔡展光所传。步法多以高四平马、拖步弓马、跪马、三角马、插步、歇马为主,手法多以挂、插、扫掌、顶掌、插指、凤眼拳等为主,腿法以下盘连环标腿、中下盘踩腿、钉腿、勾弹脚、拔脚为主,肘法多用横滚肘、直顶肘、连环肘。拳法特点是主攻偏门、离桥抢攻、消身借力。

蔡家拳主要在广东的湛江,茂名的化州、高州和水东,江门,中山,佛山,广州的番禺、从化和花都,韶关的曲江、南雄等地流传。

(四) 李家拳

在岭南武术传承的历史上,广东有两种风格不同的李家拳:新会李家拳和惠州李家拳,都有200多年(约1750年)的历史了。其中,新会李家拳与洪家拳、刘家拳、蔡家拳、莫家拳同称为广东五大名拳。新会李家拳长桥大马,偏身偏步,质朴刚劲,多用肘法,蓄劲充沛,出手迅猛;惠州李家拳以单肩、侧身、虚步为主,掌法多变,多跳跃,擅腿法,动作活泼、矫健,以灵活多变见长。

新会李家拳主要在广东的江门、广州、佛山、中山、惠州及高州、廉江、合浦、钦州、防城一带流传。惠州李家拳主要在广东的惠东、河源、淡水、宝安、博罗、东莞、花都、佛山、新会、中国香港和新加坡等地流传。

(五) 莫家拳

清朝乾隆年间,莫家拳由福建来广东的少林寺慧真禅师传给惠州府海丰县莫庶蛟,后传给东莞火岗村民莫达树、莫四季、莫定如、莫清骄,经过他们的共同切磋和改良,形成莫家拳。他们五人是莫家拳的第一代传人。拳派内容较为丰富,如拳术套路有黑虎拳、谷穴拳、四门拳、尽箭拳、力重拳、再战拳等29套;器械套路有打单枝、中盆根、回龙枪、二郎棍、莫家大钯等27套;对练4套,桩法5套。运动技法特色明显,主要的脚法有撑鸡脚、穿心脚、虎尾脚、钉脚、钩镰脚、后弹脚、翻身腿、后蹬腿和凌空双侧踹等;手法紧密,攻防结合,拳势勇猛,刚劲有力。

莫家拳主要流传在广东惠州地区,在东莞一带较为普及,广州、佛山也非常流行,我国香港、澳门以及东南亚、英国、美国等地流传也较广(参见图3-2）。

图3-2 莫家拳第五代传人林仲伟（2004年5月，广州日报报道）

（六）蔡李佛拳

蔡李佛拳的创始人是新会京梅乡拱北里陈享，他12岁时向族叔陈远护学佛家拳，19岁向新会的李友山学李家拳，24岁起向罗浮山隐居还俗高僧蔡福学蔡家拳至34岁。回乡后，遵师嘱设洪圣馆于新会县城，参加天地会，秘密进行反清复明活动。他取三师之精华，创编成新的拳术套路，取名蔡李佛拳，被誉为广东武术中拳派内容最为丰富的拳种。现传承的有拳术39套（分为初级拳、中级拳、高级拳），对打类54套，器械类64套，桩法18套（俗称18木人桩），狮艺套路9套，加上内功练习法等共计193套。此外，还有手法30种，掌法28种，桥法29种，槌（拳）法35种，身法14种，脚法16种，步法18种。

蔡李佛拳的拳法特色是偏身偏马，直臂挥舞，势雄力猛。套路动作舒展大方，活动幅度大（其结构的活动范围比其他南派大），素有"南拳北派化"之称。为使同门相助，避免同门相残，规定以"域、的、益、吓、鹤"五种不同的发声来加以识别。

蔡李佛拳主要流传在广州、佛山、肇庆、江门、中山和广西、中国香港、中国澳门、中国台湾等地，新加坡、菲律宾、印度尼西亚、马来西亚、泰国、美国、英国、法国、德国、瑞士、比利时、荷兰、加拿大、澳大利亚、日本等国家也广为流传。

(八) 咏春拳

伴随着一代武打巨星李小龙的威名及其"龙氏"系列电影，以及近年全国各大影院上映的电影《叶问》等的热播，咏春拳迎来了又一个发展的高峰（参见图3-3）。许多史学家都不断地加入到探讨李小龙文化现象之中，特别是永春拳、咏春拳和詠春拳之争还成了一个学术争论的焦点。关于咏春拳的缘起，比较广为流传的说法是：咏春拳是由福建严咏春（女）依蛇鹤相斗的各种动作创编，由其夫梁博俦（江西人）改编而成的。其内容主要有：拳术套路小念头、寻桥、标指三套、基本功八分箭拳、一偏一正箭拳、飘膀爆指、压腰、黏手、打竹桩、三星桩和木人桩等，器械套路有六点半棍和二字刀等。

图3-3 咏春拳已进入大学课堂，成为我国部分体育院校开设的选修课内容

尽管永春拳、咏春拳、詠春拳三者存在明显的个体差异，但中国文字的音、形相似，存在着文字记载过程中"通用"性的可能；从拳种内容、特点和风格来说，三者中许多内容相同，技法和运动特点与风格整体相似，可归属为同一类拳种；三者同出一家，其关系是同源异流，争论难有结果，且意义不大，主张"摒弃争执，携手共谋发展"。三者共同的主要特点是以高桩马（二字钳羊马）为主要步型，脚法有勾什弹踢、撩脚、抽脚、撩阴脚、吊炉脚等。

咏春拳的主要传播地是佛山、肇庆、广州、鹤山和中国香港、澳门、南美洲等地，以及美国、加拿大、澳大利亚、英国、马来西亚、韩国、日本等国家。

此外，还有龙形拳、白眉拳、侠家拳、佛家拳。

二、广东再生态南拳

再生态是指从他处或他地移植而来，融入本地的风土和人文之后，已经历了改良、蜕变和创新，并赋予了其全新生命力，现已成自然状态生存的表现形式。广东再生态拳系是指原籍为中原的武术拳派，在岭南地区历经了适应、改良、蜕变和创新，且在民间广为流传的传统南拳。主要流行于广东的客家地区（参见图3-4）和潮汕地区。

图3-4　客家围屋是客家人迁入岭南之后出于自身安全防护需要而建造的一种特色文化建筑

这种拳系的运动特点和风格正如客家人的精神一样，既遵循南拳运动技法的特点规律（适应环境），但又在具体的传承过程中，保留着他们那种依家恋土、自律自强、不畏艰辛、团结开拓的性情。具体表现为：理念上，崇武重文（民俗）、重义轻利（人格）、简洁实用（拳风）。讲究整体攻防，手脚并用，突出防守反击，主张"不怕千招会，只怕一招精"。技法上，拳法能开能合，能屈能伸；手法丰富多变，连消带拿。

广东再生态南拳在客家地区的主要拳派有朱家教、钟家教、李家教、岳家教、刁家教、刘家教、牛家教、刘凤山派、昆仑拳等。

（一）朱家教

1. 内容

关于朱家教拳名的来源有多种传说。一说拳种始于明朝灭亡后，定名"朱家教"，有怀念明太祖朱元璋之意；另一说约在晚清年间，五华县楂水区乌石头乡的朱黄二在佛山经商时得拳师指点，苦练有成，晚年回乡后，在族中传授武艺，且不断向外传播。拳派属于硬桥、高中马类，劲力以擒、挪、揸、招、吞、吐、浮、沉等为主要技术内容，手法有滑、脱、虚、实、挑、扣、劈等。特点是手脚配合、动作连贯、上下结合、变化丰富、攻击迅猛。

2. 主要传播地

朱家教拳主要在五华、兴宁、梅县、紫金、汕头、陆丰、惠阳等地传播。

（二）钟家教

1. 内容

钟家教拳大约在清嘉庆十五年（1810年），由兴宁县永和区锦洞乡钟佑古相授，他的师傅是福建上杭吴宗钧。拳套内容中只有拳术、对拆，没有器械。手法中多用掌法，少用拳法，不用腿法。在步法上，丁不丁，八不八，名为"丁八步"；在掌法上，五指伸张，但明显区别于虎爪和柳叶掌。身形要求蛇头、龟背，拳套动作有时温柔和顺，有时刚强威猛（参见图3-5）。

2. 主要传播地

钟家教拳主要在广东兴宁县永和、四望嶂、泥陂、圳陂等地传播。

图3-5 李白舞剑（中国画）

（三）李家教

1. 内容

李家教拳的主要传人是五华县水寨乡的李铁牛（1778—1874）。相传李铁牛的祖先大约于清嘉庆十年（1805年），在浙闽一带经商，与一少林僧相交甚厚，习得此拳，距今已有200多年历史。起初以家传模式传承，后由其孙李光壬开馆授徒，发扬光大。主要特点是套路结构完整，动作紧凑，稳扎稳打，劲力饱满，多以步法、手法、劲法命名，例如驰步拳、吞吐拳、吊插拳等。

五华县习武之风具有传统，是已故"亚洲球王"李惠堂的故乡，1964年被广东省定为"省级足球训练基地"，1979年被国家体委定为"足球之乡"，2000年获"全国体育先进县"称号。现五华区各大小广场，民众练武、讲武的场景随处可见（参见图3-6）。

2. 主要流传地

李家教拳主要流传于五华、兴宁、丰顺、平远、汕头、揭阳、揭西、普宁、惠来、潮安、香港等地以及东南亚各国。

图3-6 民众在广场练武健身

（四）岳家教

1. 内容

传说中的岳家教拳由南宋民族英雄岳飞所创。晚清年间，梅县槐岗乡人黄春楼到江西经商，拜肖世泰武师学得岳家拳，回到广东后便开始传习此拳。民国初，黄春楼去印度尼西亚谋生，在当地设"天然国术馆"授徒，现存有黄春楼著《岳家拳术》书稿。拳术套路有一盘珠、儒家拳。器械套路有岳家棍、傅家棍、铁钩、三齿钯、双刀、板凳。对拆套路有徒手对刀、板凳对棍、四人操、棍对棍。

2. 主要传播地

岳家教拳的主要传播地有梅县、中山石歧以及印度尼西亚等地。

（五）刁家教

1. 内容

刁家教拳由兴宁县人刁龙康、刁火龙两兄弟首传，至今已有约 200 年历史，被认为以刁龙康一脉传承最为规范。拳法风格主张擒拿抓捉，以守为主，随势借力，乘机反击。现存传统拳术套路有金字拳、品字拳、圆字拳、口字拳、工字拳、井字拳、穿羊拳、照镜拳 8 套；器械套路有大刀、双刀、棍法、大钯、板凳 5 套；对拆套路有关刀对钯头、刀对刀、棍对棍、棍对凳、空手对刀 5 套。练功方法主要是蹲马、抓沙包和打木桩。

2. 主要传播地

刁家教拳的主要传播地在江西以南以及广东的兴宁、梅县等地。

（六）刘凤山派

1. 内容

据传，刘凤山派拳由梅州大埔县坡头坑刘凤山所创，已有 200 多年历史。刘约生于清朝中叶，从小习武，壮年闯荡江湖，经常来往于大埔、潮州、澄海、丰顺一带，以卖药和授徒为生。据现存资料统计，拳术套路有 14 套，器械套路有 12 套，对拆套路有 9 套。拳法特点是能开能合、能屈能伸，变化性强。在地方窄小处则短桥短马，小冲小打；在地方宽阔处则长桥长马，横冲直撞；进攻时，跟进紧迫，左右开弓；防守时，内拨手，单鞭劈掌，连消带打。

2. 主要传播地

习此拳者水上居民较多，主要集中在广东的梅县、大埔、潮州、丰顺、澄海等地。

（七）南枝拳

1. 内容

相传，南枝拳的创始人广东陆丰人陈南枝（又名鉴山，壮年移居妻家揭西南山区南山邓村）师从福建泉州少林寺僧人何岩（法号双禅）之徒杉先生，得杉先生言传身教，数易寒暑，尽得真传绝技。之后，南枝先生常练不辍，常思常新，技艺渐达精湛。陈南枝是承上启下的一代宗师，南枝拳也因纪念南枝先师而得名。拳法动作简练，发招刚劲，能攻善守，灵活多变；近身擒拿，手足并用，步稳力沉，步走四面，拳打八方；进退快捷，连消带打，步法灵活。

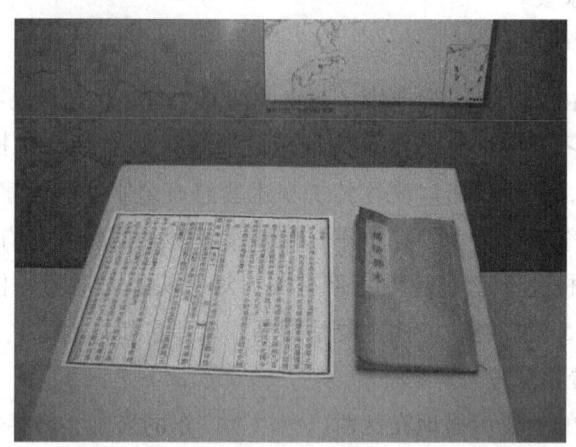

图3-7　揭阳楼里揭阳历史文化陈列馆，为南枝拳开辟了专馆

2. 主要传播地

南枝拳的主要传播地有广东的海丰、揭阳、普宁、潮阳、澄海、潮安、南澳、香港、澳门等地（参见图3-7），以及东南亚地区。

（八）昆仑拳

（一）内容

据传，昆仑拳于清同治年间（约1880年），由到丰顺走江湖的山东济南人黄飞龙拳师传授。黄白天在墟镇、乡村卖药，晚上秘密传艺。由于当时清廷实施"禁武令"，只能"三更起练，五更收场"，以免招来横祸，所以，练习此拳的人不多。此拳种风格明显，桩马较高，发招呼气，收招吸气；招式凶猛、刁滑、吞吐、浮沉，每发招出手均攻击对方要害部位。

2. 主要流传地

昆仑拳的主要流传地有广东的丰顺、揭阳、揭西等地，后流传至深圳、珠海等地。

第四章 南拳的基本形态、技法和功法

一、基本形态

（一）静态

1. 身型

挺胸、塌腰、收腹、敛臀、坐髋；含胸、拔背、沉肩、坠肘、高步（图4-1）。

2. 手型

（1）虎爪

五指用力分开，第二、三节指骨弯屈，腕关节用力上翘（图4-2）。

图4-1 身型　　　　图4-2 虎爪

（2）指

除食指伸直外，其余四指弯屈，腕关节用力翘起（图4-3）。

3. 步型

（1）半马步

两脚分开，其间距约为三个脚掌的长度；前脚脚尖向前，后脚脚尖内扣；屈膝半蹲，重心落于两腿间，躯干正直，收腹，敛臀（图4-4）。

图 4-3　指　　　　　图 4-4　半马步

（2）骑龙步

一腿屈膝下蹲，另一腿屈膝下跪，前脚掌着地，脚跟离地；膝尖接近地面，小腿与地面呈水平；身体重心置于前屈腿上（图 4-5）。

（3）拐步

两腿前后交叉，前腿屈膝下蹲，脚尖外展（接近90°）；后腿屈膝下蹲，膝部接近地面，脚跟离地；上体正直，收腹，敛臀（图 4-6）。

图 4-5　骑龙步　　　　　图 4-6　拐步

（二）动态

手法、腿法均有左右之分，为表述方便，以下均以右手、右腿为例。

1. 手法

（1）标指

抱拳置于腰间。右拳变掌，以掌指为力点，向前直臂平伸标出，掌指朝前；目视掌指（图 4-7）。

①抱拳　　　　　　　　　②插指

图4-7　标指

动作要点：转髋发力，固定掌型，保持力度。

提示：可由马步抱拳开始，慢速体会蹬转弓步标指动作，左右交替完成；动作熟练后，可用掌指插击悬挂于体前的活动目标，如手巾、纸条甚至沙袋等。

（2）抛拳

马步抱拳开始。左手上举，向右向下直臂经过体前画弧绕环；同时，右拳从腰右侧直臂向身后下方斜伸，再向下、向前、向上画弧抛挑，力达上臂外侧，拳眼朝后；目视前方（图4-8）。

①马步抱拳　　　　　　　②抡抛

图4-8　抛拳

动作要点：拧转与左右手配合协调，直臂完成，发力于腰；画弧流畅，力点准确。

提示：慢速体会动作过程，特别是拧转与上下左右的配合；左右交替反复练习，体会手眼身法的整体配合；可在正常速度中结合弓马步的转换，连续完成。

（3）探爪

由马步抱拳开始。右手变爪，屈臂下按至右膝内侧上方；左手变爪（爪心朝下）经腰侧向前推爪（爪心朝前），目视左爪的攻击方向（图4-9）。

①马步抱拳　　　　　　②弓步探爪

图4-9　探爪

动作要点：屈腕用力，伸臂团胛，力达掌根。

提示：可由马步开始，练习弓步虎爪，注意左右手和弓马步的协调配合，体会力量的传递过程；为体会虎爪攻击力，可加强用虎爪空中抓接小型沙包或攻击固定沙袋练习。

（4）滚桥

抱拳置于腰间。右前臂内旋，由收到放，力点在前臂（图4-10）。

①抱拳　　　　　　　　②旋臂

图4-10　滚桥

动作要点：配合腰力，保持一定的紧张度完成旋臂动作。

提示：两人一组，一方冲拳攻击对方胸腹，另一方采用滚桥防守可互换；可变换一方用腿法攻击，另一方防守；两人练习时，注意控制好速度和力度。

（5）穿桥

抱拳置于腰间。右臂内旋，拳变掌，掌心向下，经左前上方向右前方穿伸，力达掌外沿；目视前方（图4－11）。

动作要点：这是以防为主、由防转攻的动作；内旋穿伸动作路线要清晰，手臂动作结束时，要保持张力，有一定的紧张度。

提示：两人一组练习，一方冲拳或贯拳攻击对方头部（含上三路），另一方则以穿桥进行防守反击；练习时，必须用心体会穿伸的路线和时机，先慢后快。

（6）截桥

右前臂肌肉紧张，保持一定张力的内或外旋动，并完成横向的格挡（图4－12）。

图4－11　穿桥　　　　　图4－12　截桥

动作要点：握拳要紧，前臂内旋，保持肌肉的张力和弹性；格挡时，配合腰力，前臂与上臂夹角约为90°～120°。

提示：两人配合，先慢后快，体会格挡时前臂肌肉的紧张度和距离感；左右两边交替进行，攻防双方互换练习。

2. 腿法

（1）勾腿

右腿屈膝，脚跟向后提起，由屈到伸，向前上方勾踢对方的踝关节或小腿下部；以脚背为力点，目视前方（图4－13）。

动作要点：支撑腿要稳定，重心不要起伏；瞬时发力时，要短促、干脆，力点准确。

提示：单人慢速体会动作过程和发力技巧；面对树桩或立着的圆木杆，体会脚背攻击的位置和时机；两人一组，一人站立（被攻击者两腿分开，前后站立不动），另一人完成动作；慢速体会的同时，待动作熟练后，在对方攻击接近的瞬间，迅速提放躲开，让对方完整完成动作，再互换。

图4-13 勾踢

（2）弹踢腿

双拳抱于腰间，右腿支撑独立。左腿由屈到伸，以脚尖向前攻击对方腹部，并迅速收回；脚面绷直，踝关节紧张，力达脚尖，目视前方（图4-14）。

①提膝　　　　　　　②弹腿

图4-14 弹踢腿

动作要点：脚背用力绷直，保持踝关节的紧张度；弹踢发力要短促、干脆，力点准确；身体直立、平衡，重心稳定。

提示：慢速体会屈伸的力量传递过程和身体的稳定与平衡；瞬时发力，动作干脆、短促，并重点体会力点到达脚尖的感觉；练习者可攻击悬挂于体前的标示物（约与胸腹同高即可），并迅速收回。

二、基本技法

南拳的种类和流派都很多，各具特点，根据其技法原则及其所形成的共性特点，其基本技法一般来说有以下八种。

（1）稳马硬桥

南拳讲究扎马，扎马就是"桩步"。马步桩是南拳扎马的基础，有大马、小马和半马之分。不论什么形式的柱步，都要求五趾抓地、落地生根，强调"稳如铁塔坐如山""手是铜锤，脚是马"。扎马练好了，腿力沉、重，步势方能稳扎，运动才有章法。桥，就是臂的运使，称为"桥手"。比如，臂下垂做内旋的动作，唤作"滚桥"；肘下沉，唤作"沉桥"。对桥手，则要求肘臂刚硬、内蓄劲力。"练得硬桥硬马，方能稳扎稳打"，南拳十分重视桩步的稳扎和肘臂桥手的坚硬。

（2）脱肩团胛

南拳身法讲究脱肩团胛。脱肩，是两肩有意识地向下沉坠，似乎将其向下脱卸似的。团胛，指使肩胛骨向前微合，形成团状。脱肩下沉，能助长臂肘的劲力。团胛前合，能使背紧，有助于前胸的含虚。

（3）直项圆胸

南拳身法还讲究直项圆胸。直项，是下颏里收，使颈项挺直，但不可僵硬。圆胸，是胸作微含，稍呈圆形。项直有助于胸背肩肘的劲力合一，胸圆则有助于沉气实腹。

（4）沉气实腹

南拳也非常讲究气沉丹田，强调沉气实腹，使腹肌加以紧缩。沉气实腹，促使臀部必须收敛。它与脱肩团胛、直项圆胸以及五趾抓地，乃是一个整体，能够做到上下完整一体，周身劲力就将会凝结到一处。

（5）五合三催

五合指手与眼合、眼与心合、肩与腰合、身与步合、上与下合。三催指手催、步催、身催。大凡开步出拳，要身随步转，拳随腰发，收腹蓄劲，先收后发。手法须灵活，步法须生根，"手法快时马步生，马不凌乱自有章"，手法与步法也须协调一致。打练南拳时，要"手到、眼到、身到、步到"，目随手动，传神于目，示意于手。要求"手眼身法步、精神气力功"配合协调，这样，南拳运动才能浑然一体，一气呵成。

(6) 力从腰发

"手从胸口发，力从腰马生"，南拳把腰视为发力的重要枢纽，它的发力都靠腰力来带动。同时，南拳又强调腰功必须刚柔相济，如"鱼游于水，蛇行于陆"。如果腰部呆板刚硬，缺乏柔韧，也带动不好劲力的发挥。南拳在劲力上分寸劲（短劲）、长劲、飘打劲、连绵劲、爆发劲等，这些劲力均须"发于腿，宰于腰，形于手"。

(7) 发声呼喝

南拳讲究发声呼喝，一般的喝声有"嘻""喝""哗""嗨""咿""嗌"等六音。随着拳势变化的不同，运用不同的呼喝声。"呼喝则风云变色，开拳则山岳崩颓"，发声呼喝，一是助威势，二是助劲力，三是助形象，不可以无原则地乱喊乱叫。

(8) 体刚劲粗

南拳在运动时还强调运气鼓劲，肌肉隆起，时张时弛，全身体刚劲粗，使整个拳势呈现出刚劲十足的形象。由于南拳劲力饱满，以刚为主，所以练习者肌肉发达，筋骨强壮，力量、速度等身体素质可有显著提高。南拳强调蓄劲闭气与发劲开声交替使用，要求运用腹式呼吸，因此对增强心血管、消化和呼吸系统的机能，促进新陈代谢都有很好的作用。

三、常见功法

（一）沙袋功法

打沙袋是练习实战搏击不可缺少的练功方法。进行打沙袋练习，可以全面检验自己的攻击威力，用所有的技法狂轰滥炸而沙袋却不会受到损伤，故中外技击术中基本都有打沙袋的练习内容（参见图4-15）。

1. 沙袋的制作与要求

（1）沙袋制作

一般来说，沙袋有重长型与小球型之分（参见图4-16）。重长型高100~150厘米，直径35~40厘米，重量为35~50千克。其材料用粗帆布做外套（可找补鞋的人缝制），内置一圆柱形小沙袋，中间填充木屑或海绵等软物。为防止中间沙芯下垂，在悬挂时，应以中小芯为主要受力部位悬挂，再把外套附上。

图4-15　沙袋练习场

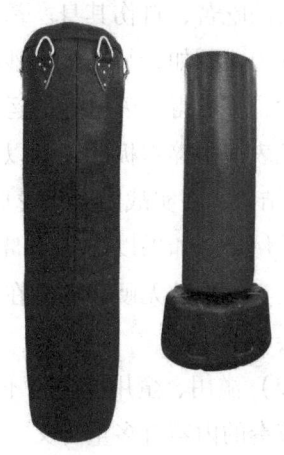

图4-16　沙袋

（2）基本要求

小型沙袋可练习密集拳法，比篮球稍大，内装沙或木屑，以球形为佳，不宜用圆柱形。在城里住楼房者，可在能受力之墙侧用角钢、膨胀螺丝固定一个90°支架，用于悬挂沙袋。要求沙袋周围空余1.5米以上的活动余地，另设置一滑轮或钢活卡，用时拉上，不用时放下。其悬挂的高度，重长型沙袋以沙包底部略高于练习者的脐部为宜，球型小沙袋以平练习者头高为宜。

2. 击打沙袋易犯的错误

打沙袋看起来是一件很简单的事情。许多人认为，用一个袋子装上沙，挂起来打就是了，哪有什么复杂的道理。有不少习武者打了多年沙袋，纵然两手老茧满布，仍不能提高自己的实战水平。其实，不明打沙袋的要领，也是其主要原因之一。综述来说，打沙袋一般有如下常见弊病：

（1）击打没有实战意识。

因沙袋没有手脚，不会还手，所以练习者往往精神放松，只打不防，浑身空档。猛打一气，可以看到在练习中威风十足，拳脚如雨，可一投入实战，就手脚僵硬，精神紧张，不能发挥平素练习的功力。这就是练习中没有把沙袋设想为一个人之故。没有将攻防、步法结合起来，不能有实战意识地击打。

（2）没有步法配合，或步法僵硬，距离不当。

有些人将沙袋装上硬沙或石子，扎上马步，抱拳于腰，狠命击打，把拳面打得伤痕累累还咬牙蛮打，自认为吃苦方可练就"铁拳"，实际上这是毫无意义的吃苦，自伤其身。拳法与步法配合不一致、不协调也不可能产生理想的威力。例如，扎马步打沙袋，便是弊病之一。人是活的，打固定物功力再强大，不见得在闪电般的运动实战中能用得上。电影中一名空手道高手向李小龙表演击碎木板的硬功以示威，李小龙淡淡一笑说："木板是不会还手的"。结果，在实战中李小龙成功地战胜了对手。这就是击打沙袋时，误入歧途的例子。如果以固定、僵死的练习方式打沙袋，追求所谓的硬功，就很容易在实战中被无硬功却能在运动中流畅打出爆发力的对手击倒，甚至无还手机会。

（3）滥用、蛮用体力，不讲究节奏变化。

节奏的内容有多重含义，如速度、力量、距离、重心、拳腿的攻防等随机的主动和被动求变的变化，都属于节奏变化的内容。一般来说，打沙袋应在3分钟之内作节奏变化。多数人只会一上来就拼命狠打，不到30秒就累得气喘吁吁，却认为是耐力不足。不会呼吸，攻击没有目的，不懂变化，就会极大地消耗体力，训练效果也相对低劣。

3. 击打沙袋的基本步骤

练习者在练习过程中，要有假想敌的存在，明白击打的目的、位置乃至距离和时间差等搏击元素，才会避免蛮打乱击的状态，减少在搏斗场上的狂魔乱舞。由此，应理解并科学地掌握打击方法。这里介绍几种常用的打法。

（1）固定式打法。

此为初级阶段，不要一开始就乱打一气。可让人扶住沙袋，练习者准确地击打，让习者体会拳脚击打的方法、位置、力点，便于体会发力。踢击不明要领、发力错误者，在此阶段常易被反作用力顶倒；出拳不对、发力不准者，也容易发现自己的推击弊病或击打无力。结合步法练习，可以体会距离感、整体用力、穿透力、鞭击力、震荡发力等。如具有明显击打的功力，则可上升为打活动沙袋。

（2）打活沙袋。

活沙袋比固定的沙袋难打，沙袋在晃动，你可能一时打中，一时击空，击出很有威力的一拳却发不出威力，特别是侧踹腿，也许连沙袋都击不中。应逐步体会在拳法、腿法及其与步法的配合中完成击打。例如，追击打、退步打、迎击打、连续击打、前手点打、前腿阻击等，打得丰富多变，方可感觉到击打的立体进攻和防守反击。在运动过程中完成踢击，必须轻重、真假、长短、快慢、高低等结合。切记：不必每一次都是重拳、重腿。

（3）单击与组合击打。

经过一定的单击训练后，技术性击打得到了明显提高，方可进行组合击打，但也需循序渐进。例如，先打左右两拳连击，逐步过渡到多次击打，在击打中，要有轻重缓急变化。尤其是手脚连击密度，应根据沙袋的位置和自己假想的反击对手的进攻位置，连贯、自在、攻防有序地完成连环打击，手收脚出、脚收手出，如行云流水，一气呵成。

4. 击打沙袋的观测点

（1）搏斗意识。

设想面前站立着的对手正一步一步向你逼近，你必须全力以赴地防范、反击、重击，彻底给予其重创。切不能掉以轻心，马马虎虎，听之任之。一旦击空了，应立即变化应对方式，始终把沙袋想象成一个敌人，声东击西，引上击下，晃左击右，防御反击，闪躲还击，立体性地打击沙袋，并通过实战时的感受和体验，调整自己击打沙袋的方法和意识。

（2）协调放松。

放松、放松，每天不停地强调，它将使你速度更快，击打更有力，精力更充沛。击打时如暴风骤雨，击打后立即放松，调整呼吸。在击打接触沙袋目标的刹那间，打出爆发力。接着，立即放松，保持格斗状态。训练结束后，做一些按摩、热敷等放松和恢复性工作。

（3）发力要领。

通过自己拍摄视频，自我调整打沙袋的方法，可以看出自己的水平状态。蛮力推击只能将沙袋击远，反复体会拳腿击打产生的爆发力和穿透力。

（4）频率和方法。

每天都打沙袋，其实完全没有必要。因为身体和肌体，特别是肌体的抗击打也需要恢复。经过初期训练阶段，进入提高阶段后，打沙袋的功力练习每周1～2次即可。击打强度可3分钟一组，每次8～10组。如果是为了比赛，借以锻炼充沛的体力和耐力，则需要根据自身的具体情况，有针对性地安排。打沙袋可与空击、跳绳结合起来。打沙袋练习，一般作为身体素质来强化练习，常安排在每次训练课的后半部分。

打沙袋是提高、检验功力的重要手段，也是增加练习趣味性、变换练习内容和形式的有效手段，掌握正确的方法，还要持之以恒，才会不断进步，使你如虎添翼。

(二) 桩马桥手功法

1. 走生马

走生马是南拳运动中，桩功练习最常用的方法。不仅初入门者必须学习，而且训练有素者仍需坚持练习。主要练法是：将八种主要步型（即：子午马、四平马、拐马、偷马、缠丝马、跪马、骑龙马、吊马）连贯或穿插起来，踢腿与坐马、拧腰打膊与发声吐气等相互配合练习。练习时，要求张弛有度，快慢相间，进退有序，变化突然，以达到步法稳健、身法灵捷的目的。

2. 铁桥手

南拳非常讲究掌力、上臂的硬度及其耐久力。由此，铁桥手即拍上臂的练法，也成了提高其桥手硬度乃至攻防效果等简单易行、方便实用且常用的功法练习内容。常采用的有套铁环练习（参见图4-17）和两人桥手相撞的靠臂对练。靠臂对练的具体方法：用掌背由上向下撞击对方上臂的肱二头肌，然后再用掌背由下向上撞击对方上臂的肱三头肌。要求对方用软掌的爆发力做拍击和拍打动作。

图4-17 铁桥手

(三) 木人桩与木人桩法

木人桩，顾名思义就是人形的木桩，它不是仅咏春拳才有，更不是咏春拳的专利，南派武术的各个流派中，都把木人桩作为提高其功力水平的主要方法和手段。特别是训练手法、脚法、身法的一套器械练习方式，就是传统南拳徒手格斗训练系统中的一套训练方式。只是随着咏春拳影响力的不断提升，木人桩与咏春拳形成了一个完整的综合体。现以咏春拳加以说明。

(一) 木人桩的种类

木人桩种类多样，是根据不同的造型而分的。在木人桩练习中，比较常见的有立柱式、弹簧式、悬挂式木人桩（参见图4-18～图4-20）。立柱式和弹簧式木人桩均由红木或硬质木材制作，体积较小，适用于空间狭小的室内。立柱式木人桩在竖桩时先在地上挖一个坑，将桩垂直放入后倒入混凝土，将桩固定竖好，待混凝土干后即可使用；有时为了便于移动，可在立柱式木人桩下面用金属制成底座，再将桩放入底座固定好后即可使用。弹簧式木人桩同样由硬质木制作，下面也可用金属制成底座，以固定弹簧式木人桩，弹簧具有减震消音的功能，因此又适用于居住在高层楼房的习练者。悬挂式木人桩也由硬质木制作而成，全桩由木架支撑，无需固定，可随意移动摆放，同时又可以根据人体身高来调整桩的高低，适用于空间较大的训练场地。

  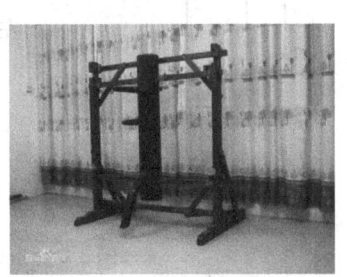

图4-18　立柱式木人桩　　图4-19　弹簧式木人桩　　图4-18　悬挂式木人桩

（二）木人桩的结构

木人桩由桩身、桩手、桩脚三部分构成。其中，桩的中部木桩为桩身，代表对方的身体中线。桩的上部有两只桩手，代表对方的左右手。这两只桩手有虚、实手之分；桩的中部有一只桩手，代表对方的拳或脚。桩脚在桩的下部，代表对方的脚。

木人桩的规格一般包括桩身的高度、桩手的长度、桩脚的长度，木人桩的尺寸可因人而异，以便达到更好的练习效果。一般木人桩的桩身为170～175厘米，桩手的长度29厘米，桩脚长度比桩手长一点，角度为120°～135°。大体上要求木人桩桩身高度比练习者身高略低，以便能够"落马"来打木人桩（参见图4-21）。

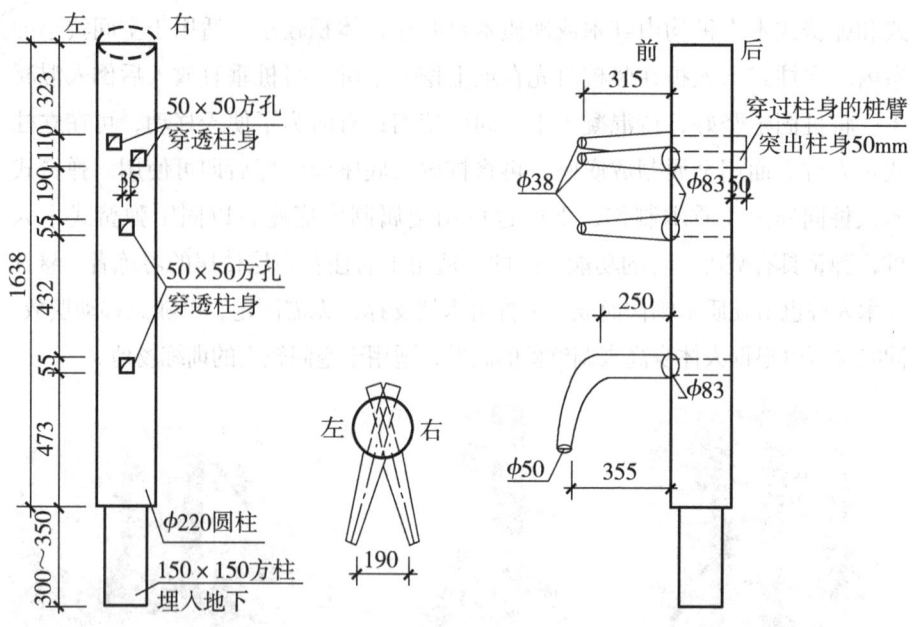

图4-21 木人桩的规格示意图（单位：mm）

（三）木人桩法

木人桩法是咏春拳历代前辈们经历多次、多种实践而提炼、总结出来的，其基本内容和方法主要是依据咏春拳三套拳中的攻防手法、身法、腿法和步法，以及配合实战需要而实施的搏击实战内容编排而成。本套木人桩法内容丰富，形式多变，重活用而不重死招式，既精简，又不失木人桩的灵魂和趣味。待练习者规范掌握了本套木人桩法后，也能寻其精髓并随心所欲地加以运用。

1. 木人桩法训练的目的

木人桩法是过去咏春拳师傅特意传授给即将出师门的弟子的一种功夫套路。练习木人桩法，其意是在没有师傅和师兄弟在身边时，将木人桩当作对手来继续练习咏春拳黐手等内容，以不至于荒废所学，最终达到所谓的"无师无对手，对镜与桩求"的境界。经常练习木人桩法，可以锻炼练习者桥手的硬度、手法的灵活和发劲穿透力，也可以锻炼身形和迂回变换、进退的方位角度。

练习木人桩法对有效提高人体的中枢神经、呼吸、消化等系统，以及心肺、脾胃等内脏器官和骨骼、肌肉、关节、韧带等起积极的锻炼作用，有效增强练习者的各项身体素质,培养练习者勇敢、顽强、坚毅的优秀品质,还能使他人感受到咏春拳技击术别样的视觉冲击。

木人桩法是咏春拳的高级功法,充分体现了咏春拳的风格和特点,是咏春武术文化的重要内容,也属中华武术文化的一部分。练习木人桩法,不仅是对咏春武术文化的积极传承,也是对中华武术文化的大力弘扬。

2. 木人桩法训练的阶段划分

木人桩法是咏春拳进行搏击实战的一重要过渡阶段。木人桩法中各种攻防动作取自咏春拳三套拳之精华,并融入了其文化内涵,因此,说木人桩法具备咏春拳文化特色一点也不为过。木人桩法的各种技法动作以咏春拳攻防技击性为本质,充分体现了咏春拳的搏击实战价值;木人桩法动作多种多样,运动形式也各不相同。不同的动作都有相对应的练习方法、要求和技击特点,但都是为同一个目的而发展,即有效提高习练者的攻防技击能力。

咏春拳前辈认为:木人桩法应分三阶段来完成:第一阶段就是八节桩的固定打法;第二阶段是把每节手法反复练习,也就是磨桩;第三阶段就是跟木人桩做意念交流的练习。对于初学者来说,应以第一阶段为主,经过基础阶段的学练,逐步过渡到下一个阶段。

3. 练习木人桩的基本原则

练习木人桩的基本原则是:假设对手,采用踢、打、格、挡、拍、拦、撞、靠等技法,配合步法,全方位接近实战进行攻防练习;锻炼手臂的刚强性和步法的灵活性,特别是可针对桥手硬而重的对手,随桥而往。可强化训练平时较少用或较难用其他方法来打人的技术环节,整体提高练习者实战对抗的技法和能力(参见图4-22)。

图4-22 击打木人桩

总的来说,木人桩终究是无生命的木桩,即使结构与人完全相同,也是无反击能力的"死桩"。因此,我们在木人桩练习过程中,还需与实战(如咏春拳的黐手)结合起来,在实践中不断提高自己的应变能力,通过反复的总结和思考,再通过木人桩的针对性强化练习,进一步提升自己的功力水平。

第五章　教学与训练

在与他人交流的过程中，是使用语言来沟通的。正如你想用语言表达自己的想法一样，武术运动是演练者通过自身的肢体语言来讲述和表达其思想、观点和看法的。教学与训练就是在这一表达过程中的两个互为联系且彼此依赖的行为和过程，是先后关系，更是学会、掌握与提高的关系。

一、教学与教学法

在教学过程中，安排科学、合理的教学内容，划分完整有序的教学阶段，采用针对性的教学方法，非常重要。接受过武术教育的人都知道，同样的拳套内容，由不同的教师来教的，其结果是完全不一样的。有的教学班级的学生，在老师的带领下，精神饱满，信心满满，动力强劲，自觉练习的积极性高涨；有的教学班级的学生，其结果则完全相反，学习中既感觉内容空洞，言之无物，无知识所学，无技能可练，练之乏味，反而还觉得可以自由任性，没有什么规矩、规范，甚至认为练武随便动一动都行，也无所谓技法、技能可言，更别说可以"未曾习武先有德"和防身自卫了。可以毫不夸张地说，这是目前我们许多学校和社会武术教学组织存在的，或学生上过武术课之后，对其课堂教学认知的一个现实写照。

（一）教学概说

1. 概念

教学是教师的教和学生的学所组成的一种人类特有的人才培养活动。

2. 任务

（1）向学生传授系统的科学知识，训练学生形成基本技能、技巧，发展学生的智力和能力。

（2）培养学生具有坚定正确的政治方向、辩证唯物主义的世界观和共产主义的道德品质。

（3）使学生身体正常发育，健康成长。

（4）培养学生具有正确的审美观和感受美、鉴赏美和创造美的知识和能力。

（5）使学生掌握现代工农业生产的基本知识，学会使用基本生产工具的技能。

3. 教学阶段的划分

第一阶段：基本功和基本动作教学。

第二阶段：动作的打"点"与连"线"。

第三阶段：半套动作的学与练。

第四阶段：全套动作的学与练。

第五阶段：攻防转换的拆招及其讲解与示范。

第六阶段：前后半套的错位或远位练习。

第七阶段：慢速的打练配合。

第八阶段：正常速度与力度的打练配合。

4. 备课及其应用

运用科学的教学法，是上好一堂课的保证，备课是教师课前的必要准备，是上好课的基础和前提，必须充分、完整且具有明确的针对性，备课环节至关重要。那么，如何才能备好课呢？

（1）严格遵循"教学大纲"的要求，制定教学计划，备课工作必须清楚"教学链条"上的多种关系。

教师上课前写教案，是每个教师课前必须完成的一门功课，人们习以为常，也非常理解。但是，要知道，这只是这门课一个完整的教学链条上一个很小的环节，这门课要根据教学计划来撰写，教学计划又是根据教学大纲来安排的。一个完整的教学链条包括：人才培养方案（课程设置）—教学大纲—教学计划—教案。只有提前写好教案，教师才可依据教案，实施课堂教学。

（2）充分了解教学对象的基本情况。

撰写教案之前，还要针对性地充分了解、分析教学对象。例如，他们求学的目的、动机，现有基础，甚至性格、爱好、氛围等。

（3）熟知并很好地掌握教学内容。

除了掌握课堂教学的内容之外，教师还要拓展自己的知识面和技术运动的能力和类别。主要涉及：体育基本知识与技能；专项运动的技理、技法与文化等。针对内容和课时情况，进一步分析其内容在教学环节中的比重，重点、难点、易犯错误、攻防含义，相关知识或纠正技术错误法等。对于学生提出的难以辨析和解答的问题，即使教师自己不知道，也不能问而不答，要引导思考，开源开窍。分清楚故事、传说、小说、历史的关系，便于学生课后科学地认识和理解。

（4）领会和理解教案模板（格式要求）的写作要求。

尽管教案所写的内容和要求是相通的，也许还是相同的，但不同的教学单位对于教案的规定也是不一样的。由此，"教案"格式及其要求也是有别的。但万变不离其宗，课的结构一样，它包括准备部分、基本部分和结束部分。教案的内容基本涵盖了教学内容、教法与要求、组织与计划、时间、强度、密度等。

（5）科学分配不同教学内容在本次课堂教学中的比重，实施针对性的组织与教法。

具体依据常规内容进行思考、组织和撰写教案。例如，课课练（礼节、礼仪，课堂常规，专项素质等）；复习内容（基本功和基本动作、上次课及其已学内容等）；新授内容等。

（6）掌握武术教学法，并要区别其一般教学法与南拳课堂教学法。

掌握一般教学法是前提，在此基础上，根据南拳运动的内容、特点和规律，有针对性地开展教学活动（教师主体及其主动作用）。

（二）常用的教学法及其运用

教学方法是完成教学任务的途径、手段和方式，这是提高教学质量的关键。南拳教学中常用的教学方法主要有讲解法、示范法、领做与口令、练习法等。

1. 讲解法

讲解的主要内容：动作规格、攻防含义、基本技法、关键环节和易犯错误。

讲解的主要方法包括以下两种。

（1）顺序化讲解。

动作的讲解，一般先讲下肢步型、步法；接着讲上肢手型、手法；再讲上下肢配合方法；最后讲动作技法含义和攻防用法。

（2）术语化讲解。

武术动作名称是按照动作结构、形象和运动方法而取名的，一般能表达动作的全貌，如"弓步冲拳""马步架打"等。讲解时，要把动作规格和动作术语结合起来，便于学生记忆动作和正确理解动作要领。南拳的术语，特别是传统南拳的术语，许多在表达时有形、有意、有法，需与动作方法和用法联系起来，认真领会。

此外，还有形象化讲解、单字化讲解和口诀化讲解。

2. 示范法

示范在武术教学中占主导地位，南拳教学的示范所占比重更大。南拳示范还要求动作规范、熟练，力点准确，并突出南拳的技理技法特点。它可以使学生了解所学动作的形象、结构、要领和方法，是学生通过直观的感性认识获得对南拳动作方法及其特点、风格的了解的整体表现。通常有完整示范法和分解示范法，根据不同教学内容和对象灵活运用。

在下列情况下，可运用完整示范法。

（1）对新授教学内容的武术动作，可采用完整示范，能帮助学生建立第一印象。

（2）对结构简单和难度不大的动作可采用完整示范法。

（3）对有一定基础的学生可采用完整示范法。

在下列情况下，可运用分解示范法：

（1）动作结构和方法路线较复杂繁难的动作，可分为上、下肢两部分或几个小节来进行示范教学。

（2）攻防因素较多的动作，可按攻防含义的顺序进行示范教学。

（3）富于顿挫的动作，可按动作结构的顺序进行示范教学。武术套路中顿挫性动作掌握的好坏，直接影响着节奏的鲜明。这类动作必须具备如下基本特征（需要分析）：

①在一个动作里含有轻重之分的特征，可按轻重对比因素划分细节进行教学；

②在一个动作里含有突然改变方向的特征，可按突然变向的部分划分出细节进行教学；

③在一个动作里含有擒纵或拿打的特征，可按一擒一纵或一拿一打之分进行教学。

分解示范是为了使学生更好地掌握动作，因此不宜将动作分解过细，应

尽快地向完整动作过渡。分解示范与完整示范应有机地结合起来运用，一般应遵循"完整—分解—再完整"的原则。

采用示范法进行教学，是为了解决学生学习中的问题，因此，也要注意示范面、示范位置和示范速度的选择与运用，便于学生能全貌、完整地看清并领会动作。

3. 领做与口令

在教学中，领做与口令指挥是教师示范和讲解的一种特殊形式，也是武术教学的主要手段和方法，南拳教学中此法的运用非常普遍，它能有效地引导学生掌握动作，也便于学生统一行动。

领做是教师做动作来带领学生进行模仿练习。通过领做，使学生初步掌握套路动作的方向和路线。口令是学生已基本学会动作后，教师用来指挥学生统一练习的语言行为。正确地运用口令，能统一学生的行动，达到整齐划一的教学效果。注意如下两点。

（1）领做位置要恰当。

教师领做的位置一般应站在套路运动方向的斜前方，要与学生的运动方向一致。当动作方向发生改变时，教师的领做位置也要随着学生运动的方向而转换，同时应利用学生重做或口令提示要领的方法，使教师有时间走向所变换的位置继续领做。这样，不仅能避免学生的记忆发生混乱，而且有利于掌握套路动作。

（2）领做与口令指挥相结合。

教师的领做应稍慢一点，便于学生观察与模仿，同时要用简明的语言提示与口令指挥有机结合起来。一般来说，在传授新内容时应以身领为主，口令配合，使学生模仿动作更准确；复习教材时应以口令为主，身领为辅，有利于帮助学生熟记动作。

4. 练习法

练习是学生在教师的指导下，通过反复实践掌握和提高武术技术技能的主要方法。教学中经常采用的有模仿练习法、重复练习法、默想练习法等。

南拳课堂教学组织练习的形式一般有集体练习、分组练习和单人练习等，此外，还有教学比赛、预防与纠正错误法等。它们均具有各自不同的功能，需针对不同的对象，灵活运用，具体实施。

二、训练与训练法

（一）训练概说

1. 概念

训练指有计划、有步骤、分阶段地通过学习和辅导，反复强化，掌握某种技能。

2. 任务

（1）使受训者获得一项行为方式或技能。

（2）有计划、有步骤地通过学习和辅导掌握某种技能。

（3）有意识地使受训者发生生理反应（如建立条件反射、强健肌肉等），从而改变受训者的身体素质、专项素质和能力的活动。

3. 训练时应遵循的训练原则

在南拳运动训练的过程中，除遵循训练学的一般训练原则来实施训练外，根据南拳的运动特点及其训练规律，以及它本身所蕴含的浓郁岭南文化，特别是打练南拳的攻防转换的方法和意识，适度、规范、针对性地加以训练。训练原则如下：

（1）功贯始终、寓含技击的原则。

"功贯始终"是指将南拳基本功的训练贯穿于训练的全过程。通过基本功的练习，获取必须具备的基本技术与技能。南拳基本手型、手法、步型、步法、肘法、腿法等是南拳套路基础阶段的必修内容，而且也是提高受训者技术水平的一种重要手段。"寓含技击"是指在演练过程中，将技击意识寓含于打练南拳的技法练习之中，用意识引导动作，并将动作攻防含义的理解贯注于动作的过程之中，以表现南拳特有的韵味，使动作显得充实饱满。

（2）动静结合、内外互导的原则。

南拳出手要快，要有一定的紧张度，力点准确，出手后要制动，并稍停顿，意即发得出、收得住。在苦练套路的同时，还要练习实战即对打，强化训练受训者的反应速度，使反应更加灵活。通过实战训练环节，不断积累实战经验。也通过自身的亲自体验，加深对动与静、内与外的直接感受，为下一步训练水平的提高打下坚实的基础。

(3) 用心领悟、突出风格的原则。

"用心领悟"是指开动思维，用心揣摩动作的精微，细心体验动作的感受，追求动作诀窍的豁然悟通，从而展示出南拳套路动作的刚柔相济、内外合一、形神兼备的整体性。我们经常看到，练习者演练的是同一个南拳套路，但其风格却有明显区别。不同的风格则表现不同练习者对南拳的理解与认识的差异，因此，在训练过程中要着重强调用心领悟，突出拳种特点和风格。

(4) 持之以恒、重复渐进的原则。

南拳运动技术水平的长进，是一种技术与功力的缓慢渗透过程，需要日积月累，不断修正，长期习练。所以，它不仅需要练习者一定身体素质的支持，还需要用一定的思维来领悟。它需要时间的磨炼，并通过汗水来积累，方法只是其提高的催化剂，但方法是不能代替量的积累的，在时间没有积累到一定的量时，单一鼓噪的训练方法所起的作用是有限的。

"重复渐进"是指对南拳教学内容要不断地重复训练，在不断地重复中体验内化技艺，循序渐进地提高技术水平，熟能生巧。只有在不断地重复练习中，渐进地领悟南拳的内在神韵，才能巩固提高技艺，形成正确的动力定型，从而使技术精益求精。

（二）综合训练法及其运用

在南拳的传承与发展过程中，有其传统的训练方法，且各人根据对象的不同，所实施的针对性训练方法也是差别很大，但这些零散的具有个体差异的特殊方法，只有上升到一定的理论层面，归纳总结出其富有共性和规律性的原则、方法，才具有推广和应用价值。

南拳完全遵循一般武术运动训练过程中常采用的运动训练方法，具体操作方法包括重复训练法、变换训练法、间歇训练法、循环训练法等。除此之外，依据打练南拳的结构和运动特点，它又有适合于自身运动特点的训练方法。例如，打点训练法、连线训练法等，它们是对南拳一般训练方法的具体补充，也是在打练南拳的教学、训练过程中，可以互换、互通，还能相得益彰的常采用的切实可行的方法。

1. 打"点"

为使动作过程进一步清晰、规范地交代清楚，常将一个完整的南拳动作分割成几个线段，用短时停顿来加以练习。例如，弓步标拳由三个点组成，即开步滚桥、马步沉桥、弓步冲拳。

2. 连"线"

经过打"点"环节后，将每一个线段按照动作过程的先后连接起来，连贯完成动作，完整呈现动作过程。

3. 默念

默念主要就是想象动作要领、动作形态、动作意识、动作攻防含义、动作方向和路线等。在运用中，我们也可以经常想象优秀南拳运动员的动作意识、形态、节奏、用力，把这种好的感觉，经过自己本体感觉的转换来加强，这样非常有利于练习者水平的提高。练好南拳不是单凭肢体的运动多流汗、多花时间、只凭力气等就能学有所成的，必须用思想、意识来引导和支配动作，头脑清晰、思维敏捷地反复训练，才能练就。为了提升思维训练的有效性，教师或师傅们都曾反复告诫，不是只在训练场上才叫训练，"拳不离手，曲不离口"，平时自己没在训练场上的时候，只要有机会就要想动作，理解具体动作的含义，将身体运动的过程，通过有意识的引导回放，在大脑中再现，反复强化大脑刺激，加强其记忆的痕迹。这种方法用于比赛前可控制赛前情绪，放松紧张状态，充满自信地走向赛场。例如，比赛前，默念一遍套路，想象动作要领和注意事项，这样更有利于运动员水平的发挥；睡觉前，也可以想象当今练习的套路，整体回忆一遍。

南拳的前辈们以及很多南拳运动的高水平运动员，在日常生活中也会"手舞足蹈"，不时一个冲拳、一个滚桥、一个虎爪等，完全已经把拳术融入了自己的生活当中。通过默念训练法，不断改进训练方法，常练常新，可最大限度地提高练习者的南拳运动技术水平。

总的来说，南拳训练应遵循南拳技艺技理技能形成、巩固与提高的规律；注重基础素质、基本内容和核心技法训练；处理好训练量与训练强度之间的关系。

三、打练南拳教学计划（模板）

（一）16 学时

201×级×××专业打练南拳教学计划
201×—201×学年下学期
（201×年×月—201×年×月）

一、教学对象

二、教学目的、任务和要求

三、教学对象基本情况分析

四、教学内容和时数分配（16学时）

单位：学时

序号	教学内容	时数	所占比例
1	基本功和基本动作	4	75.0%
2	起势＋第一组＋第二组	2	
3	第五组＋收势；复习1	4	
4	拆招（1招）＋第六组	2	
5	复习2（单练和对练的完整练习）	2	12.5%
6	考试	2	12.5%
7	总计	16	100%

附：每节课的内容

第×周：第×次课

  1.××××××××××××；

  2.××××××××××××；

  3.××××××××××××；

五、教学措施

（一）考试办法

(二) 考试内容

六、使用教材

(二) 24 学时

201×级××××专业打练南拳教学计划
201×—201×学年下学期
(201×年×月—201×年×月)

一、教学对象

二、教学目的、任务和要求

三、教学对象基本情况分析

四、教学内容和时数分配(24学时)

单位：学时

序号	教学内容	时数	所占比例
1	基本功和基本动作	4	
2	复习：起势+第一、二、三、五组	6	75.0%
3	第六组+第七组+收势（学习）+复习1	4	
4	拆招（2招）；对打：第一+二组 VS 第五+六组	4	
5	复习2（单练完整）	2	8.4%
6	机动	2	8.3%
7	考试	2	8.3%
8	总计	24	100%

附：每节课的内容

第×周：第×次课

    1. ×××××××××××××××；

    2. ×××××××××××××××；

    3. ×××××××××××××××；

五、教学措施

(一) 考试办法

(二) 考试内容

六、使用教材

（三）32 学时

201×级×××专业打练南拳教学计划

201×—201×学年下学期

（201×年×月—201×年×月）

一、教学对象

二、教学目的、任务和要求

三、教学对象基本情况分析

四、教学内容和时数分配（16 学时）

单位：学时

序号	教学内容	时数	所占比例
1	基本功和基本动作	6	
2	起势＋第一、二、三、四组	8	81.3%
3	第五、六、七、八组＋收势	8	
4	拆招（3招）；第一、二、三组 VS 第五、六、七组	4	
5	复习（单练完整）	2	6.3%
6	机动	2	6.3%
7	考试	2	6.3%
8	总计	32	100%

附：每节课的内容

第×周：第×次课

  1. ×××××××××××××；

  2. ×××××××××××××；

  3. ×××××××××××××。

五、教学措施

（一）考试办法

（二）考试内容

六、使用教材

（四）48 学时

201×级×××专业打练南拳教学计划
201×—201×学年下学期
（201×年×月—201×年×月）

一、教学对象

二、教学目的、任务和要求

三、教学对象基本情况分析

四、教学内容和时数分配（16 学时）

单位：学时

序号	教学内容	时数	所占比例
1	基本功和基本动作	10	
2	起势+第一、二、三、四组	10	79.2%
3	第五、六、七、八组+收势	10	
4	拆招（5招）；第一至四组VS第五至八组	8	
5	复习（单练+对练完整）	6	12.5%
6	机动	2	4.2%
7	考试	2	4.2%
8	总计	48	100%

附：每节课的内容

第×周：第×次课

  1. ×××××××××××××××；

  2. ×××××××××××××××；

  3. ×××××××××××××××；

五、教学措施

（一）考试办法

（二）考试内容

六、使用教材

第六章　打练南拳组合动作

　　本章的组合动作，是打练南拳单练套路中完整套路的分组内容（共分八组），与第五章的教学计划中所要求的 16 学时、24 学时、32 学时和 48 学时的教学内容的单练内容相吻合。"组合一＋组合二"适合于 16 学时的教学内容；"组合一＋组合二＋组合三"适合于 24 学时的教学内容；"组合一＋组合二＋组合三＋组合四"适合于 32 学时的教学内容。教学内容由易到难、由简到繁、层层递进，可满足不同学习目的、不同基础水平、不同教学对象的学习需要。

组 合 一

一、内容结构

　　预备式—起势—第一组—第五组—收势。

二、动作名称

　　预备式：并步抱拳。
　　起势：开步滚桥。
　　1. 弓步标拳；2. 弓步抄拳；3. 马步截桥；4. 虚步截桥；5. 虚步穿桥；6. 马步横扫。
　　收势：并步抱拳。

三、动作图解

预备式：并步抱拳

从立正姿势开始，两手握拳抱于腰间（图6-1）。

图6-1 并步抱拳　　　　图6-2 开步滚桥

起势：开步滚桥

左脚向左迈步与肩同宽，两拳从腰间向下滚桥，前臂腹前交叉，左臂在上。

动作要点：握拳要紧，滚桥有力；开步、滚桥、摆头三个动作同时完成（图6-2）。

1. 弓步标拳

左手置于右肩前，右拳抱于腰间（图6-3①），左脚踩踏成半马步；接着右脚蹬转完成左弓步左标拳，右后砸拳（图6-3②）。

① 屈肘　　　　② 标拳

图6-3 弓步标拳

2. 弓步抄拳

右拳由后向前上方横向击打成贯拳（图6-4）。

图6-4 弓步抄拳

动作要点：放长击远，抄拳击打对方头部的太阳穴。

3. 马步截桥

左弓步变马步，同时左手上格挡，低头，完成躲闪动作（图6-5①）；上动不停，左手向内截桥于左胸前（图6-5②）。

①左上架　　　　　　　　②截桥

图6-5 马步截桥

动作要点：左标拳与右砸拳同时完成；弓马步转换，重心不能起伏，要有转髋动作；抄拳攻击对方头部，力达拳眼；左手格挡保护头部躲闪时，重心要低；变换成截桥时，以腰带臂，动作迅速、干脆，握拳要紧，前臂保持一定的紧张度。

4. 虚步截桥

左脚向前上步，身体微左转，同时两臂体前交叉（图6-6①）；接着，身体右转，同时两臂经体前向下向上抢摆成右虚步截桥（图6-6②）。

①上步交叉（背向）　　②截桥

图6-6　虚步截桥

动作要点：上步与双手抄拳自然，配合协调；虚步截桥时，滚桥明显，力点准确。

5. 虚步穿桥

左拳变掌向外穿桥，同时右手收于腰间，左掌与眼同高（图6-7）。

图6-7　虚步穿桥

动作要点：扣脚上步自然，转身、抢臂、截桥动作一气呵成；两臂交叉时，左内右外；穿桥由内向外，弧形穿出，力达前臂外侧。

6. 马步扫拳

右脚上前垫步，身体左转，左手向左横砍收于腹前。同时，右臂经前向左横扫,屈肘于左肩前,成开步(图6-8①);紧接着,身体右转完成马步横扫,与肩同高(图6-8②)。

①垫步盘肘　　　　　　　②托掌扫拳

图6-8　马步扫拳

动作要点:左掌下按并横切后上托至腹前,与左转屈臂同时完成;马步扫拳时,以腰带臂,右臂抡摆过程要交代清楚。

收势:并步抱拳(图6-9)

图6-9　并步抱拳

组 合 二

一、内容结构

预备式—第二组—第六组—收势。

二、动作名称

预备式：并步抱拳。

1. 弓步探爪；2. 左右抛拳；3. 虚步截桥；4. 马步切掌；5. 提膝虎爪；6. 左右弓步标指；7. 弓步冲拳；8. 独立步截桥。

收势：并步抱拳。

三、动作图解

预备式：并步抱拳（图6-10）

图6-10 并步抱拳

1. 弓步探爪

左脚向左前方摆步成马步，同时左手横拉成虎爪，右手抱拳于腰间（图6-11①）；上动不停，马步变左弓步完成右手推虎爪，左手虎爪置于左膝斜上方近右臂肘关节下，同时发"哗"声（图6-11②）。

①摆步虎爪　　　　　　　　②探爪

图 6–11　弓步探爪

动作要点：摆步与左手虎爪同时进行；马步变弓步时，重心不能起伏，转髋有力；推虎爪时，力从腰发，虎爪有力，力达掌根；发声时，气流从下丹田冲出，动作要充分，把握好节奏。

2. 左右抛拳

右脚向前一步成马步，右爪变掌画弧于左肩前，左手变拳抡至左侧平举（图 6–12①、②）；上动不停，左脚向前拖步，右臂经过右膝直臂外格，左臂随之抛拳，成右弓步左抛拳（图 6–12③）；上动不停，左脚向左前一步成马步，左手经左膝下方外格，随之右手抛拳，成左弓步右抛拳（图 6–12④）。

①上步抡拳　　　　　　　　②上步抡拳附图

③右弓步抛拳　　　　　　④左弓步抛拳

图 6 - 12　左右抛拳

动作要点：抛拳与拖步要同时完成；左右抛拳经半马步抢臂的动作过程要交代清楚，且要衔接，动作协调，富有节奏；抛拳时，力达上臂外侧，目视前方。

3. 虚步截桥

左拳由外向内完成滚桥，截击对方的进攻；同时，右脚上步成虚步（图 6 - 13）。

动作要点：滚桥截击与上步要连贯、协调，手眼配合。

图 6 - 13　虚步截桥

4. 马步切掌

左拳变掌下按，右拳成立掌置于右肩前（图 6 - 14①），随即右脚向前半步，成马步横切掌，略低于肩，掌心向前下方，力达掌外沿，目视攻击方向（图 6 - 14②、③）。

①按掌引臂

②撑掌　　　　　　　　　　③撑掌附图

图6－14　马步撑掌

动作要点：砸肘要拧腰、团胛完成，前臂紧张；引臂时，开肩蓄劲；成马步时，要踩踏完成，马步要沉稳，切掌要有力，力达掌外沿，保持整个动作的刚劲；手眼要有配合。

5. 提膝虎爪

以右前脚掌为轴，左脚摆扣上步，身体右转270°，双拳置于腰间（图6－15①）；接着，右腿提膝，同时两拳变虎爪向前下完成提膝双探爪，爪心朝前下方，目视探爪方向（图6－15②）。

①扣步转身　　　　　　　②右转虎爪

图 6 – 15　提膝虎爪

动作要点：独立步平衡要好，不要晃动；提膝要护裆，注意提膝的方向；双探爪时，要有沉坠劲，置于大腿内侧，两腕内侧靠拢，属于防守技法。

6. 左右弓步标指

身体随势后移，右脚向右后方下落（图 6 – 16①）；左脚后撤时抱拳，经右脚踝向左侧分开成马步（图 6 – 16②、③）；接着，马步变右弓步，完成标左指截防（图 6 – 16④）。左脚后退一步，迅即右脚后撤并抱，经左踝侧分成马步（图 6 – 16⑤、⑥、⑦）；紧接着，马步变左弓步，同时完成标右指截防（图 6 – 16⑧）。

①右腿后落　　　　　　　②左脚经右踝

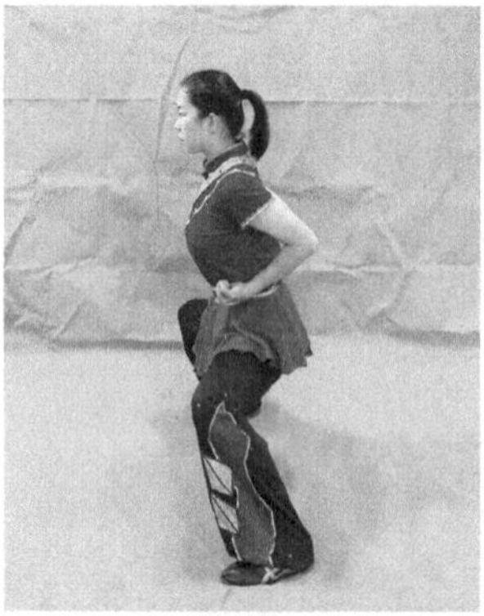

③马步抱拳 　　　　　　　　④左标指

⑤退左脚 　　　　　　　　⑥抱拳收脚

⑦马步抱拳 　　　　　　　　⑧右标指

图6-16　左右弓步标指

动作要点：退步时，半马步要交代清楚，步法与步型连接紧凑，协调完

整，动作稳定，重心不要明显起伏，更不得跳跃或有弹性；收步时抱拳；标指时，从腰间向前直插，目视前方。

7. 弓步冲拳

身体右转，重心右移，成马步抱拳（图6-17①）；接着，马步变弓步，左拳自腰间向前冲出（图6-17②）。

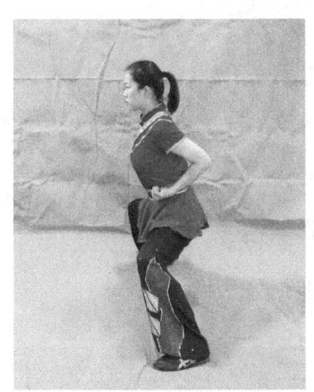 

①抱拳　　　　　　　　②冲拳

图6-17　弓步冲拳

8. 独立步截桥

重心右移，提左膝，左拳经撑掌变拳完成砸肘；同时，右拳上举至右侧上方，目视前方（图6-18①、②）。

 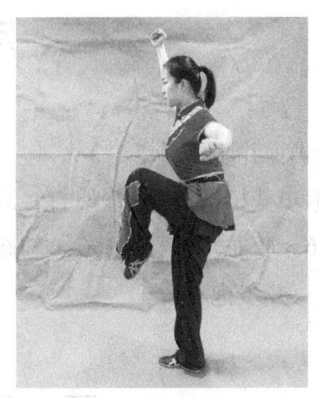

①撑掌　　　　　　　　②截桥

图6-18　独立步截桥

动作要点：经过马步完成右弓步冲拳；左拳变扣撑掌动作清晰，左肘下砸要有力度，力达前臂外侧；右拳上举与左拳对称、协调；团胛，独立步平稳。

收势：并步抱拳（图6-19）

图6-19 并步抱拳

组合三

一、内容结构

预备式—第三组—第七组—收势。

二、动作名称

预备式：并步抱拳。

1. 退步截桥；2. 跪步架打；3. 退步抢抄；4. 马步双撑掌；5. 独立步弹腿；6. 骑龙步双挂拳；7. 勾踢鞭锤；8. 弓步双碟掌。

收势：并步抱拳。

三、动作图解

预备式：并步抱拳（图6-20）

图 6-20　并步抱拳

1. 退步截桥

左脚向右插步，身体左转 90°，同时左手搂手，右拳收抱（图 6-21①）；右脚退步成拐步，右肘内格于胸前（图 6-21②）。

① 左搂手　　　　　　　　② 右截桥

图 6-21　退步截桥

2. 跪步架打

左脚退步下蹲成跪步，同时右手架掌于头顶上方，左手向前上方冲拳，成立拳（图 6-22）。

动作要点：搂手抱拳不停；右肘内格需滚桥完成；右、左脚退步要一气呵成，上下肢配合要协调。

图 6-22　跪步架打

3. 退步抢抄

重心稍升,左拳变掌经前向上抢臂,同时右手向后下方抢挂(图6-23①);接着,右腿后退一步,左右手顺势分别向后下和前上抢挂(图6-23②);左腿再后退一步,两臂再顺势抢臂一周按至腰间(图6-23③)成高虚步托掌(图6-23④)。

①左上右后抢挂　　　　②右后左上抢挂

③左上右后抢挂　　　　④高虚步托掌

图 6-23　退步抢抄

4. 马步双撑掌

右脚顺势再撤后一步,同时两掌从腰间向前推切成马步双撑掌,并发"咳"声(图6-24)。

图6-24 马步双切掌

动作要点:抢挂与退步动作连贯、协调,富有节奏感;成马步双切掌前,经过虚步托掌的蓄劲过程;成马步双切掌时,要滚桥、团胛发声与切掌同时完成,力从腰发,力达掌外沿,成稳马硬桥手,手眼配合到位。

5. 独立步弹腿

左脚向后退步,身体左转90°成半马步,同时右拳变掌收于腰间,左掌变拳向左侧挂拳(图6-25①);随即身体右转90°,左脚弹踢,左拳向左腿外侧砸拳防守,右拳向上冲拳,同时发声"的",并迅速收回(图6-25②)。

①摆步挂劈　　　　　　　②独立步弹踢

图6-25 独立步弹腿

6. 骑龙步双挂拳

顺势左脚向前落步，后脚跟进成骑龙步；同时，双拳从上向前下挂出，团胛完成，力达前臂外侧（图6-26）。

图6-26 骑龙步双挂拳

动作要点：弹腿要脆快，力达脚尖，"的"声要短、脆；弹腿后，迅速屈膝收回；挂双拳攻击对方头部，双挂拳与团胛一气呵成。

7. 勾踢鞭锤

身体左转，右手内格，左手置于右肘下方（图6-27①）；接着，右手向右单拦，左掌立于右肩前，同时右脚向左方勾踢，目视单拦方向（图6-27②）；

①左转内格

②勾踢单拦

图6-27 勾踢鞭锤

8. 弓步双蝶掌

右脚向前踏步成半马步，双掌成叠掌收于腰间，右上左下（图6-28

①）；接着，马步变弓步，同时双掌从腰间向前推出（图6-28②）。

①半马步收掌　　　　②弓步推掌

图6-28　弓步双蝶掌

动作要点：右手单拦时，以肘关节为轴；右脚勾踢时，重心要稳，动作要小，隐蔽而干脆，脚跟擦地完成，且勾踢完成后要迅速制动；动作稳定，支撑腿自然伸直；整体动作的几个过程要有顿挫感。

收势：并步抱拳（图6-29示）

图6-29　并步抱拳

组 合 四

一、内容结构

预备式—第四组—第八组—收势。

二、动作名称

预备式：并步抱拳。

1. 弓步分桥；2. 上步架桥；3. 马步单指手；4. 插步鞭拳；5. 转身挂拳；6. 弓步盖拳。

收势：并步抱拳。

三、动作图解

预备式：并步抱拳（图6-30）

图6-30 并步抱拳

1. 弓步分桥

左脚后撤一步成马步，两手握拳，两臂相靠，腹前交叉（图6-31①、②）；接着，重心右移，马步转弓步；同时，右拳向右翻拳横撞，左臂向后斜下方劈拳。

动作要点：向左后方45°撤步，两臂滚桥紧靠，团胛蓄劲；分撞拳，右拳斜向上，要以腰带臂完成，身体微前倾，力达右前臂（图6-31③）。

①靠臂

②靠臂附图

③分桥

图6-31　弓步分桥

教法分析：采取镜面示范，让学生看清楚两臂腹前交叉相靠的方法；背向示范让学生了解撤步的路线以及分撞拳的方法；先分解再完整，教师背向与学生同做；加强学生练习，教师指导。

练法体验：体会撤步滚桥时团胛的技法，练分撞拳时把握左腿蹬转髋的下盘稳定性。

攻防内容：撤步、滚桥、团胛，体会背部抗击打的能力；分撞拳强化蹬转和腰的发力，力达右手前臂。

2. 上步架桥

左脚向前跟半步完成，抬右脚，顺势左手上格，右拳抱于腰间（图6-32）。

图 6-32 上步架桥

3. 马步单指手

右脚后蹬落步成左弓步插掌,左掌置于右肩前,同时,低头、上体前倾(图 6-33①);紧接着,重心后移成半马步,左手成单指,经肩前向左方推指,右手屈肘握拳抬于肩前(图 6-33②)。

①退步插　　　　　　　　　②摆单指

图 6-33 马步单指手

动作要点:左脚上步与右脚退步,配合躲闪和上肢动作要连贯、协调;重心移动明显;左手单指紧贴右臂内侧前推,力达掌外沿。

教法分析:采用正面示范,体会震脚上步架拳的躲闪练习,切不可换跳步,重心起伏。先分解再完整,教师背向与学生同做;加强学生练习,教师指导。

练法体验:上步震脚头部要有低头躲闪的意识;插掌要远,攻击对方膝关节；重心变换要迅速、突然，抬头目视对手。

攻防内容：插掌有力度，五指并拢、用力伸直，低头躲闪；重心移动，躲过对手的进攻。

4. 插步鞭拳

右脚向前上半步成马步摆掌，右拳置于左肩前（图6-34①）；接着，左脚向右腿后方插步，同时，右拳向右后鞭拳，左掌成立掌置于右肩前，力达拳背，目视进攻方向（图6-34②）。

① 摆掌　　　　　　② 鞭拳

图6-34　插步鞭拳

动作要点：步法平稳、清楚，重心不要起伏；抬肘置于肩前，保持一定的紧张度。

5. 转身挂拳

身体左转180°，撤步成马步。同时，完成左拳挂劈，与头同高，右拳侧举，拳心朝上，目视左拳（图6-35）。

图6-35　转身挂拳

动作要点：撤步与挂拳几乎同时完成，转身灵活，硬桥硬马。

6. 弓步盖拳

右手经头顶上方完成盖拳，力达拳心，同时发声"嗨"（图6-36）。

图6-36　弓步盖拳

动作要点：右盖拳与发声同时完成，且声音"厚"而"长"；左手拳眼朝下，直臂45°后伸，右拳盖至左胯旁；挺胸、立腰，目视前方。

收势：并步抱拳（图6-37）

图6-37　并步抱拳

第七章　打练南拳单练套路

　　本章所呈现的单练套路是学生单独练习打练南拳完整版的内容和形式，第五章的教学计划中所要求的 16 学时、24 学时、32 学时和 48 学时的教学内容，均依据本章。打练南拳单练套路的完整结构是八组，共由 28 个动作构成，具有中国传统武术套路运动的组织结构形式，即预备式—起势—中间偶数段—收势。其前四组（1～4 组）与后四组（5～8 组）动作技法的攻防含义是一一对应的，通过武术技术形式，诠释武术运动从体育层面上升到文化的基本内容和元素。在实施课堂教学的具体过程中，教师可根据教学时数的需要，再针对性地自由选择。

一、动作名称

预备式：并步抱拳。
起势：开步滚桥。

第一组：

1. 弓步标拳；2. 弓步抄拳；3. 马步截桥；4. 弓步探爪。

第二组：

5. 左右抛拳；6. 虚步截桥；7. 马步切掌。

第三组：

8. 退步截桥；9. 骑龙步架打；10. 退步抡抄；11. 马步双撑掌。

第四组：

12. 弓步分桥；13. 上步架桥；14. 马步单指手。

第五组：

15. 虚步截桥；16. 虚步穿桥；17. 马步横扫。

第六组：

18. 提膝虎爪；19. 左右弓步标指；20. 弓步冲拳；21. 独立步截桥。

第七组：

22. 独立步弹腿；23. 骑龙步双挂拳；24. 勾踢鞭锤；25. 弓步双蝶掌。

第八组：

26. 插步鞭拳；27. 转身挂拳；28. 弓步盖拳。

收势：虚步推掌冲拳—并步抱拳。

打练南拳单练套路的结构形式如表7-1所示。

表7-1 打练南拳结构形式表

预备式：并步抱拳		
起势：开步滚桥		
前 半 套		
1. 弓步标拳	2. 弓步抄拳	3. 马步截桥
4. 弓步探爪	5. 左右抛拳	6. 虚步截桥
7. 马步切掌	8. 退步截桥	9. 骑龙步架打
10. 退步抢抄	11. 马步双撑掌	12. 弓步分桥
13. 上步架桥	14. 马步单指手	
后 半 套		
15. 虚步截桥	16. 虚步穿桥	17. 马步横扫
18. 提膝虎爪	19. 左右弓步标指	20. 弓步冲拳
21. 独立步截桥	22. 独立步弹腿	23. 骑龙步双挂拳
24. 勾踢鞭锤	25. 弓步双蝶掌	26. 插步鞭拳
27. 转身挂拳	28. 弓步盖拳	
收势：虚步推掌冲拳—并步抱拳		

二、技法图解

预备式：并步抱拳。

从立正姿势开始，两手握拳抱于腰间（图7-1）。

起势：开步滚桥

左脚向左迈步与肩同宽，两拳从腰间向下滚桥，前臂腹前交叉，左臂在上。

动作要点：握拳要紧，滚桥有力；开步、滚桥、摆头三个动作同时完成（图7-2）。

图7-1　并步抱拳　　　　图7-2　开步滚桥

教法分析：教师站在队伍前面，背向示范，让学生体会左脚开步与团胛、摆头；镜面示范，体会双手在体前滚桥的方法与技法。

练法体验：教师领做，由慢速、中速到正常速度；学生练习，教师指导。

攻防内容：滚桥主要防守对方拳、腿从体前对自己中上盘的直线进攻；团胛用于抗击他方从侧面或背后对自己的背部的偷袭，增加抗击打的意识和能力。

1. 弓步标拳

左掌按掌于右肩前，右拳抱于腰间（图7-3①），左脚踩踏成半马步；接着右脚蹬转完成左弓步左标拳，右后砸拳（图7-3②）。

①屈肘　　　　　　　②标拳

图7-3　弓步标拳

教法分析：教师站在队伍左前方（即动作方向的右前方），背向示范，让学生体会摆头、手眼动作与左脚踩踏，特别是半马步方向；镜面示范，体会左手抓按肩的位置及其运动的方法。

练法体验：教师领做，由慢速、中速到正常速度；学生练习，教师指导；讲解动作的技法含义，学生进行针对性练习。

攻防内容：抓按主要是防守对方攻击自己上盘或抓右肩的解脱；半马步踩踏要厚实而稳定，且与左手沉桥配合完成，起到蓄势待发的作用；右脚蹬转要突然、有力，左标拳击头部，右砸拳防体后的突袭进攻。

2. 弓步抄拳

右拳由后向前上方横向击打成贯拳（图7-4）。

动作要点：放长击远，抄拳击打对方头部的太阳穴。

3. 马步截桥

左手上格挡，低头，完成躲闪动作（图7-5①）；上动不停，左手向内截桥于左胸前（图7-5②）。

图7-4　弓步抄拳

①左上架　　　　　　　　②截桥

图 7-5　马步截桥

动作要点：左标拳与右砸拳同时完成；弓马步转换，重心不能起伏，要有转髋动作；抄拳攻击对方头部，力达拳眼；左手格挡保护头部躲闪时，重心要低；变换成截桥时，以腰带臂，动作迅速、干脆，握拳要紧，前臂保持一定的紧张度。

教法分析：教师站在队伍左前方（即动作方向的右前方），背向示范，让学生体会右贯拳进攻后，遭到对方反击，自己本能左架拳防守并主动低头躲闪，接着重心后移，完成左截桥；镜面示范，体会手、眼和身法的配合，特别是左截桥的技法。

练法体验：教师领做，由慢速、中速到正常速度；学生练习，教师指导；讲解动作的技法含义，学生明白后进行针对性练习。

攻防内容：惯拳主要攻击对方的头部；架拳用于防守对方对自己头部的攻击，其位置必须高于自己的头部（配合低头躲闪）；重心移动配合左截桥，用左桥手防守对方对自己中、上盘的正面进攻。目视截桥方向。

4. 弓步探爪

左脚向左前方摆步成马步，同时左手横拉成虎爪，右手虎爪按于腰间（图7-6①）；上动不停，马步变左弓步完成右手推虎爪，左手虎爪置于左膝斜上方近右臂肘关节下，同时发"哗"声（图7-6②）。

①摆步虎爪　　　　　　　② 探爪

图 7-6　弓步探爪

动作要点：摆步与左手虎爪同时；马步变弓步时，重心不能起伏，转髋有力；推虎爪时，力从腰发，虎爪有力，力达掌根；发声时，气流从下丹田冲出，动作充分，把握节奏。

教法分析：教师站在队伍左前方（即动作方向的右前方），背向示范，让学生体会右脚摆步的同时，直观感受左右手虎爪与眼法、身法配合的方法；体会右脚蹬转发力与左右虎爪的配合及其技法。镜面示范，体会左右虎爪的形与法，特别是右虎爪所"藏"的位置及其塌腕的力度感。

练法体验：教师领做，由慢速、中速到正常速度；学生练习，教师指导；讲解动作的技法含义，学生明白后进行针对性练习。

攻防内容：摆步的稳与左虎爪的缠抓压协调，用于防守对方的主动进攻；上体团胛前倾，高度注视来犯者，蓄势待发；右脚蹬转突然，转髋有力，助右虎爪前探，攻击对方面部。目视攻击方向。

5. 左右抛拳

右脚向前一步成马步，右爪变掌画弧于左肩前，左手变拳抡至左侧平举（图7-7①）；上动不停，左脚向前拖步，右臂经过右膝直臂外格，左臂随之抛拳，成右弓步左抛拳（图7-7②）；上动不停，左脚向左前一步成马步，左手经左膝下方外格，随之右手抛拳，成左弓步右抛拳（图7-7③）。

动作要点：抛拳与拖步要同时完成；左右抛拳经半马步抡臂的动作过程交代清楚，且要衔接，动作协调，富有节奏；抛拳时，力达上臂外侧，目视前方。

①上步抡拳

②上步抡拳附图

③右弓步抛拳

④左弓步抛拳

图 7-7　左右抛拳

教法分析：教师站在队伍前方（即动作方向的正前方，侧三角顶点处），背向示范，让学生体会右脚上步变马步，并与手的协调配合；直观感受右拳下挂与左抛拳的连贯击打后，左脚的拖步跟进；体会左右抛拳的方法、位置与技法。右抛拳与左抛拳方法、内容相同，唯方向相反。镜面示范，明白右脚上不成马步时，左右手的协调配合，特别是右手的方法以及右挂拳左抛拳的方法和位置。

练法体验：教师领做，由慢速、中速到正常速度；学生练习，教师指导；讲解动作的技法含义，学生明白后进行针对性练习；独立思考并体会攻防含义的练习。

攻防内容：右脚跟步并迅速上步后，左虎爪变拳完成扫拳并与右掌一起防守对方对自己的正面进攻；右下挂拳用于截防对方对自己右腿的进攻，左抛拳用于防守对方对自己正面头部的直线进攻。目视随进攻的变化而变化，但始终注视进攻方向。

6. 虚步截桥

左拳由外向内完成滚桥，截击对方的进攻。同时，右脚上步成虚步（图7-8）。

动作要点：滚桥截击与上步要连贯、协调，手眼配合。

7. 马步切掌

左拳变掌下按，右拳成立掌置于右肩前（图7-9①），随即右脚向前半步，成马步横切掌，略低于肩，掌心向前下方，力达掌外沿，目视攻击方向（图7-9②、③）。

图7-8 虚步截桥

①按掌引臂

②撑掌

③撑掌附图

图7-9 马步切掌

动作要点：砸肘要拧腰、团胛完成，前臂紧张；引臂时，开肩蓄劲；成马步时，要踩踏完成，马步要沉稳，切掌要有力，力达掌外沿，保持整个动作的刚劲；手眼要有配合。

教法分析：为了让学生看清左手的动作，教师需采用正面示范，让学生看清右手的"切"法和步型、步法，教师需采用背向示范。先分解再完整，学生练习与教学指导相结合。

练法体验：技法转换时，重心不要起伏；注重体会"步不稳，则拳不发"的运动原理和步稳拳刚的风格。

攻防内容：虚步时的左手截桥，用于防守对方的拳法进攻，随即完成的按压动作，需要粘住并控制对方；切掌进攻对方胸、颈和头部，特别是颈和面部。

8. 退步截桥

左手搂手，右拳收抱（图7-10①）；右脚退步成拐步，右肘内格于胸前（图7-10②）。

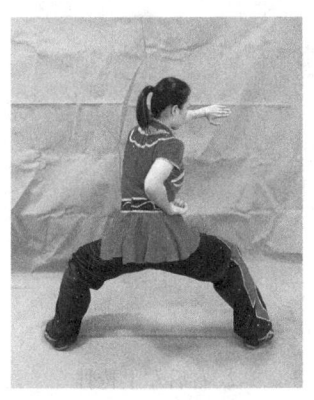 

①左搂手　　　　　②右截桥

图7-10　退步截桥

9. 骑龙步架打

左脚退步下蹲成骑龙步，同时右手架掌于头顶上方，左手向前上方冲拳，成立拳（图7-11）。

动作要点：搂手抱拳不停；右肘内格需滚桥完成；右、左脚退步要一气呵成，上下肢配合协调。

教法分析：为了让学生看清左手的动作和右手的截桥，教师需采用正面和侧面示范；为

图7-11　骑龙步架打

了让学生看清左手的冲拳和右手的架打,教师需采用侧面示范。先分解再完整,教师背向与学生同做;加强学生练习、教师指导。

练法体验:技法转换时,左手的"外搂"与右手的截桥要连贯完成,不要停顿;注重体会右手截桥的防守,体验骑龙步架打与长拳"架掌"的区别。

攻防内容:右手截桥用于防守对方的腿法进攻,架打用于防守对方对自己头部进攻的同时,左拳前上方的方向顺势完成击打,进攻对方。

10. 退步抢抄

重心稍升,左拳变掌经前向上抢臂,同时右手向后下方抢挂(图7-12①);接着,右腿后退一步,同时左右手顺势分别向后下和前上抢挂(图7-12②);左腿再后退一步,同时两臂再顺势抢臂一周托掌至腰间,成高虚步按掌(图7-12③)。

①左上右后抢挂

②右后左上抢挂

③高虚步托掌

图7-12 退步抢抄

11. 马步双撑掌

右脚顺势再撤后一步,同时两掌从腰间向前推切成马步双撑掌,并发"咳"声(图 7-13)。

动作要点:抡挂与退步动作要连贯、协调,富有节奏感;成马步双切掌前,经过虚步托掌的蓄劲过程;成马步双切掌时,要滚桥、团胛发声与切掌同时完成,力从腰发,力达掌外沿,成稳马硬桥手,手眼配合到位。

教法分析:为了让学生看清左右手的"抡挂"动作,教师需采用侧面示范;为了让学生看清左右手的双切掌和马步步型,教师需采用正面示范。先分解再完整,教师以背向、侧面为主,学生同做;加强学生练习、教师指导。

图 7-13 马步双撑掌

练法体验:抡挂要连贯、有节奏,一气呵成;马步双切掌前的高虚步托掌要有蓄劲过程;体验蓄势待发的技法原则。

攻防内容:连续抡挂用于防守对方的连续进攻;双切掌用于躲过对手的连续攻击后,突然降低重心,双切掌攻击对方下腹。

12. 弓步分桥

左脚后撤一步成马步,两手握拳两臂相靠,腹前交叉(图 7-14①、②);接着,重心右移马步转弓步,同时,右拳向右翻拳横撞,左臂向后斜下方劈拳。

动作要点:向左后方45°撤步,两臂滚桥紧靠,团胛蓄劲;分撞拳,右拳斜向上,要以腰带臂完成,身体微前倾,力达右前臂(图 7-14③)。

①靠臂(背向)

②靠臂(侧面)

③分桥

图7-14 弓步分桥

教法分析：镜面示范让学生看清楚两臂腹前交叉相靠的方法；背向示范让学生了解撤步的路线以及分撞拳的方法；先分解再完整，教师背向与学生同做；加强学生练习、教师指导。

练法体验：体会撤步滚桥时团胛的技法，分撞拳时左腿蹬转髋的下盘稳定性。

攻防内容：撤步滚桥团胛，体会背部抗击打能力，分撞拳强化蹬转和腰的发力，力达右手前臂。

图7-15 上步架桥

13. 上步架桥

左脚向前跟半步完成，抬右脚，顺势左手上格，右拳抱于腰间（图7-15）。

14. 马步单指手

右脚后蹬落步成左弓步插掌，左掌置于右肩前，同时低头上体前倾（图7-16①）；紧接着，重心后移成半马步，左手成单指，经肩前向左方推指，右手屈肘握拳于肩前（图7-16②）。

①退步插　　　　　　　　②摆单指

图 7-16　马步单指手

动作要点：左脚上步与右脚退步，配合躲闪，上肢动作要连贯、协调；重心移动明显；左手单指紧贴右臂内侧前推，力达掌外沿。

教法分析：采用正面示范，体会震脚上步架拳的躲闪练习，切不可换跳步、重心起伏。先分解再完整，教师背向与学生同做；加强学生练、教师指导。

练法体验：上步震脚，头部要有低头躲闪的动作；插掌要远，攻击对方膝关节；重心变换要迅速、突然，抬头目视对手。

攻防内容：插掌有力度，五指并拢用力伸直，低头躲闪；重心移动躲过对手的进攻。

15. 虚步截桥

左脚向前上步，身体微左转，同时两臂体前交叉（图 7-17①）；接着，身体右转，同时两臂经体前向下向上抢摆成右虚步截桥（图 7-17②）。

①上步交叉　　　　　　　　②截桥

图 7-17　虚步截桥

动作要点：上步与双手抄拳自然，配合协调；虚步截桥时，滚桥明显，力点准确。

教法分析：为了让学生掌握双抄拳，采用镜面示范；看清抢摆动作，采用背向示范。先分解再完整，教师背向与学生同做；加强学生练习、教师指导。

练法体验：上步重心要明显高于虚步动作的重心；抄拳是本能自我保护过程，截桥的滚桥要多种且明显。

攻防内容：滚桥动作快速小巧，力点准确。

16．虚步穿桥

左拳变掌向外穿桥，同时右手握拳收于腰间，左掌与眼同高（图7-18）。

动作要点：扣脚上步自然，转身、抢臂、截桥动作一气呵成；两臂交叉时，左内右外；穿桥由内向外，弧形穿出，力达前臂外侧。

教法分析：背向示范为主，辅以镜面示范；教师背向与学生同做；加强学生练习、教师指导。

图7-18　虚步穿桥

练法体验：两人一组，体会穿桥技法。

攻防内容：穿桥用于防守对方对自己上盘特别是头部的进攻。

17．马步扫拳

右脚上前垫步，身体左转，左手向左横砍收于腹前；同时，右臂经前向左横扫屈肘于左肩前，成开步（图7-19①）；紧接着，身体右转，完成马步横扫，与肩同高（图7-19②）。

①垫步盘肘　　　　　　②托掌扫拳

图7-19　马步扫拳

动作要点：左掌下按并横切后上托至腹前，与左转屈臂同时完成；马步扫拳时，以腰带臂，右臂抡摆过程要交代清楚。

教法分析：采用慢速示范，让学生体会右脚前踏、左手扣压、右手扫拳；教师需采用侧面示范。先分解再完整，教师背向与学生同做；加强学生练习、教师指导。

练法体验：右脚的前踏要深入对方，左手扣压要有黏连感；扫拳的高度与对手头部同高。

攻防内容：右手截桥用于防守对方的腿法进攻。扫拳击打对方头部。

18．提膝虎爪

重心随势下降，随即身体重心上升并左转，同时两臂经前下向左抡摆至左肩前体侧成双虎爪（图7-20①）；接着，身体迅速向右转体；同时，两臂经前向前下完成提膝双探爪，爪心朝前下方，目视探爪方向（图7-20②）。

①左转抡摆　　　　　　②右转虎爪

图7-20　提膝虎爪

动作要点：两臂经腹前向左肩方向回摆，要松肩并且随势转；转体要突然，幅度要接近90°；独立步平衡要好，不要晃动；提膝要护裆，注意提膝的方向；双探爪时，要有沉坠劲，置于大腿内侧，两腕内侧靠拢，属于防守技法。

教法分析：为了让学生看清左右手的动作路线和方法，教师需采用正面和侧面示范；提膝转身教学，教师需采用背面示范；先分解再完整，教师背向与学生同做；加强学生练习、教师指导。

练法体验：体会提膝团胛的身法；双虎爪下探，不要分开，应以可防守对手的进攻为基准、前提和条件。

攻防内容：重心要稳且下探，双虎爪下探，防守对手对自己中盘的进攻。

19. 左右弓步标指

身体随势后移，右脚向右后方下落（图7－21①）；左脚后撤时抱拳，经右脚踝向左侧分开成马步（图7－21②、③）；接着，马步变右弓步，完成标左指截防（图7－21④）。左脚后退一步，迅即右脚后撤并抱拳，经左踝侧分成马步（图7－21⑤、⑥、⑦）；紧接着，马步变左弓步，同时，完成标右指截防（图7－21⑧）。

①右腿后落

②左脚经右踝

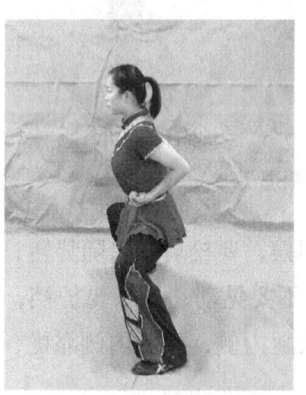

③马步抱拳

④左标指

⑤退左脚

⑥抱拳收脚

⑦马步抱拳

⑧右标指

图 7-21　左右弓步标指

动作要点：退步时，半马步要交代清楚，步法与步型连接紧凑，协调完整，动作稳定，重心不要明显起伏，更不得跳跃或有弹性；收步时抱拳，标指时，从腰间向前直插，目视前方。

教法分析：退步、撤步重心要平稳，采用背面示范；慢速示范为主，注重动作过程和方法的练习。先分解再完整，教师背向与学生同做；加强学生练习，教师指导。

练法体验：体会"步不稳，则拳不发"，力从腰发，坚持蹬转发力的南拳练法原则；区分南拳与长拳在此处练习方法和风格的不同。

攻防内容：冲拳、标掌都是用于对对方上盘的进攻。

20. 弓步冲拳

身体右转，重心右移成马步抱拳（图 7-22①）；接着，马步变弓步，左拳自腰间向前冲出（图7-22②）。

①抱拳

②冲拳

图7-22 弓步冲拳

21. 独立步截桥

重心右移，提左膝，左拳经撑掌变拳完成砸肘，同时右拳上举至右侧上方，目视前方（图7-23①、②）。

①撑掌

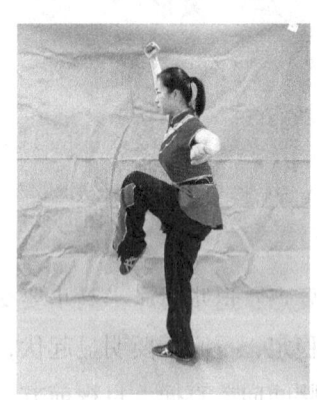
②截桥

图7-23 独立步截桥

动作要点：经过半马步完成右弓步冲拳；左拳变扣撑掌动作清晰，左肘下砸要有力度，力达前臂外侧；右拳上举与左拳对称、协调；团胛，独立步平稳。

教法分析：踏步按掌需采用正面示范，独立步支撑，右手冲拳左手下砸，采用背向示范；教师需采用侧面示范。先分解再完整，教师背向与学生同做；加强学生练习，教师指导。

练法体验：技法转换时，弓马转换要迅速；震脚与撑掌要同时进行，体会撑掌的防守作用；提膝时，体验右拳向上冲拳进攻和左拳向下截桥防守的动作。

攻防内容：左手冲拳，用于防守对方下中盘的进攻，右拳上冲拳攻击对手下颌。

22. 独立步弹腿

左脚弹踢，同时发"的"声，并迅即收回（图7-24）。

23. 骑龙步双挂拳

顺势左脚向前落步，后脚跟进成骑龙步。同时，双拳从上向前下挂出，团胛完成，力达前臂外侧（图7-25）。

图7-24　独立步弹腿　　　　图7-25　骑龙步双挂拳

动作要点：弹腿要脆、快，力达脚尖，"的"声要短、脆；弹腿后，迅速屈膝收回；挂双拳攻击对方头部，双挂拳与团胛一气呵成。

24. 勾踢鞭锤

身体左转，右手内格，左手置于右肘下方（图7-26①）；接着，右手向右单拦，左掌立于右肩前，同时右脚向左方勾踢，目视单拦方向（图7-26②）。

①左转内格　　　　　　②勾踢单拦

图7-26　勾踢鞭锤

25. 弓步双蝶掌

右脚向前踏步成半马步，双掌成叠掌收于腰间，右上左下（图 7－27 ①）；接着，马步变弓步，同时双掌从腰间向前推出（图 7－27②）。

①半马步收掌　　　　　　　②弓步推掌

图 7－27　弓步双蝶掌

动作要点：右手单拦时，以肘关节为轴；右脚勾踢时，重心要稳，动作要小，隐蔽而干脆，脚跟擦地完成，且勾踢完成后要迅速制动；动作稳定，支撑腿自然伸直；整体动作的几个过程要有顿挫感。

教法分析：弹腿、双挂拳的动作，采用正面示范；为了让学生看清勾踢鞭锤的右手截桥与鞭打，以及双蝶掌的变化，采用正面与侧面示范。先分解再完整，教师背向与学生同做；加强学生练习，教师指导。

练法体验：技法转换时，体验弹踢腿和进步双挂拳的连续进攻，注重勾踢鞭锤"上下齐攻"的整体感，以及弓马转换双推掌手势的变化。体验弹踢腿、双挂拳、鞭锤以及双推掌的连续进攻动作。

攻防内容：右手截桥用于防守对方的腿法进攻，架打用于防守对方对自己头部进攻的同时，左拳前上方的方向顺势完成击打，进攻对方。

26. 插步鞭拳

身体左转，右脚上步成马步摆掌，右拳置于左肩前（图 7－28①）；接着，左脚向右腿后方插步。同时，右拳向右后鞭拳，左掌成立掌置于右肩前，力达拳背，目视进攻方向（图 7－28②）。

①摆掌

②鞭拳

图 7-28　插步鞭拳

动作要点：步法平稳、清楚，重心不要起伏；抬肘置于肩前，保持一定的紧张度。

27．转身挂拳

身体左转180°，撤步成马步，同时完成左拳挂劈与头同高，右拳侧举，拳心朝上，目视左拳（图7-29）。

动作要点：撤步与挂拳几乎同时完成，转身灵活，硬桥硬马。

28．弓步盖拳

右手经头顶上方完成盖拳，力达拳心，同时发"嗨"声（图7-30）。

图 7-29　转身挂拳

图 7-30　弓步盖拳

动作要点：右盖拳与发声同时完成，且声音"厚"而"长"；左手拳眼朝下，直臂45°后伸，右拳盖至左胯旁；挺胸、立腰，目视前方。

收势：虚步推掌冲拳—并步抱拳

右脚顺势踏步，身体右转，同时，左拳变掌推右拳面成右顶肘（图7-31①）；身体左转，右拳左掌同时向前推出成虚步推掌冲拳（图7-31②）。

①踏步顶肘　　　　　　　②虚步冲推

图7-31　虚步推掌冲拳

左脚后退一步，两手变拳往后撞肘（图7-32①）；接着，右脚后退一步，两拳向前挂抡至体后（图7-32②）；紧接着，收左脚成并步，两拳收抱于腰间，目视前方（图7-32③）。

①退步后撞　　　　　②退步挂抡　　　　　③并步收拳

图7-32　并步抱拳

第八章　打练南拳拆招对打

招,通常是指武术打斗中的单一技法,俗称拳术、刀术、棍术、剑术、枪术等武功中的动作。例如,武侠小说中均有"使了一招儿"等词汇。拆招,即指在两人或多人打斗中,将对方的进攻动作进行有效防守或反击,如躲闪、阻截、截击、化引等,均属于此。下述技法均来自于打练南拳中的技术动作,有利于强化对动作用法的理解和思考,便于进一步灵活且有效地加以运用。

一、拆招

1. 探爪拆招

预备:甲马步虎爪,乙马步双虎爪(图8-1①)。

方法:甲左弓步探爪,攻击乙方;乙随时而动,迅即右转提膝成独立步虎爪,置于对方右前臂上方,防守右探爪;目视交手方向(图8-1②)。

①甲马步虎爪,乙马步双虎爪　　　　②甲弓步探爪,乙独立步虎爪

图8-1

2. 标指拆招

以右标指为例,右标指与左标指同,唯方向相反。

预备：甲、乙面对面成马步站立（图8－2①）。

方法：乙马步变左弓步，同时完成右标指攻击。甲左臂后伸，同时成左弓步右抛拳（图8－2②）。

① ②

图8－2 标指拆招

3. 切掌拆招

预备：甲、乙面对面站立。

方法：甲正面攻击乙方，落地成马步横撑掌；乙右撤一步，同时重心右移，成独立步砸肘防守甲方进攻，目视攻击方向（图8－3）。

4. 抄拳拆招

预备：甲、乙面对面站立。

甲上步成弓步抄拳，攻击对方头部；乙左腿后撤一步成左虚步穿桥，防守甲抄拳（图8－4）。

图8－3 切掌拆招　　　　　图8－4 抄拳拆招

5. 挂拳拆招

乙骑龙步双挂拳，甲跪步架打。

甲、乙面对面站立。乙向前跨落步成骑龙步，同时双挂拳攻击甲方头部；甲顺势左脚退步成跪步架打，防守甲方双挂拳并伺机反击（图8-5）。

图8-5 挂拳拆招

6. 弹腿拆招

甲、乙面对面站立。乙用弹腿攻击甲方，甲右脚退步成拐步截桥防守（图8-6）。

图8-6 弹腿拆招

7. 双蝶掌拆招

甲、乙面对面站立。乙右脚上步成马步，双掌收于腰间，目视对方；甲左脚退步成高虚步，同时两臂收于腰间，托掌掌心向上（图8-7①）。

乙弓步双蝶掌攻击甲方；乙顺势完成马步双撑掌阻截甲方的推击(图8-7②)。

① ②

图8-7 双蝶掌拆招

8. 挂盖拳拆招

（1）甲乙两人侧对异向站立（左肩相对）。乙上步完成挂拳；甲左脚后插步成左手上格，防守乙方左挂拳，右拳抱于腰间（图8-8①）。

（2）乙方盖拳攻击对方头部；甲左弓步插掌，并使头部闪避对方攻击（图8-8②）。

（3）甲迅即重心后移，躲过对方的进攻，迅速变成马步单指手，注视对方；乙挂盖拳后，也目视对方（图8-8③）。

①

②

③

图8-8 挂盖拳拆招

二、打练组合

打练南拳的各个对应组能够有效地进行攻防转换，而又不打乱或者改变单练动作的原有形式、内容和次序。打练一体，可积木式安排教学，又不失传统及南拳拳派特点和风格，使其应用性更强，适应性更好，这是本套拳的结构性创新之一。

第一组 VS 第五组

预备式：

甲、乙并步抱拳，相距 1.5～2 米距离，目视前方（图 8-9）。

起势：开步滚桥

甲、乙左脚向左一步，成开步滚桥，甲左拳在上，乙右拳在上，双方互视（图 8-10）。

图 8-9　预备式　　　　　　　　图 8-10　开步滚桥

1. 甲弓步标拳，乙虚步截桥

（1）甲左手置于右肩前，右拳抱于腰间；乙上步双拳体前交叉；甲目视乙，伺机待动（图 8-11①）。

（2）甲标拳攻击乙方上盘；乙方臂抡摆成右虚步截桥防守（图 8-11②）。

①　　　　　　　　　　　　　　②

图 8-11　甲弓步标拳，乙虚步截桥

2. 甲弓步抄拳，乙虚步穿桥

甲弓步抄拳，攻击对方头部；乙虚步穿桥，防守甲抄拳（图8–12）。

3. 甲马步截桥，乙马步横扫

（1）乙左手成横切掌拨分，右脚垫步，同时右横拳扫击甲方头部；甲左手上格挡，并低头躲闪甲方右拳（图8–13①）。

图8–12　甲弓步抄拳，乙虚步穿桥

（2）乙抄拳击空，右拳抡至左肩前；甲躲过乙方攻击后目视对方（图8–13②）。

（3）乙动作不停，马步横扫拳攻击甲方；甲马步截桥防守（图8–13③）。

①

②

③

图8–13　甲马步截桥，乙马步横扫

甲、乙双方同时收步，并步抱拳（图8–14）。

收势：并步抱拳。

图 8-14 并步抱拳

第二组 VS 第六组

预备：并步抱拳（图 8-15）。

1. 甲弓步探爪，乙提膝虎爪

（1）甲左脚摆步成马步虎爪；乙重心随势左转，两臂抡摆成虎爪（图 8-16①）。

（2）甲左弓步探爪，攻击乙方；乙随时而动，迅速右转提膝成独立步虎爪，置于对方右前臂上方，防守右探爪；目视交手方向（图 8-16②）。

图 8-15 并步抱拳

③

④

图 8-16 甲弓步探爪，乙提膝虎爪

2. 甲左右抛拳，乙左右弓步标指

（1）甲右脚向前一步成马步，右爪变掌缠绕对方上臂，由上向左画弧于左肩前，左手变拳抡至左侧平举；乙右脚向右后方下落，左脚经右踝关节侧分成马步（图8-17①）。

（2）甲右臂经过右膝直臂外格后左臂抛拳，顺势左脚向前拖步，成右弓步左抛拳；乙马步变右弓步，同时完成左标指截防（图8-17②）。

（3）甲左脚向左前一步，完成左挂右抡，乙顺势左脚后退一步，右脚经左踝关节侧分成马步抱拳（图8-17③）；上动不停，甲迅即完成左弓步右抛拳，乙左弓步右标指，用于截防（图8-17④）。

图8-17 甲左右抛拳，乙左右弓步标指

3. 甲虚步截桥，乙弓步冲拳

（1）乙身体右转完成右弓步左冲拳；甲右虚步左截桥防守（图8-18）。

4. 甲马步切掌，乙独立步砸肘

甲左拳变掌并按压，右拳成掌收于右肩前，乙左拳变扣掌顺势撑顶（图8-19①）；接着，甲成马步横撑掌攻击乙方，

图8-18 甲虚步截桥，乙弓步冲拳

乙重心向右移，成独立步砸肘防守甲方进攻，目视攻击方向（图8-19②）。

①

②

图8-19 甲马步切掌，乙独立步砸肘

收势：并步抱拳（图8-20）。

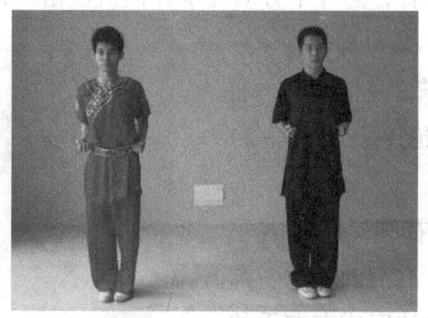

图8-20 并步抱拳

第三组 VS 第七组

起势：并步抱拳（图8-21）

1. 甲退步截桥，乙独立步弹腿

甲左转身180°上步成马步切掌，乙右转身90°成左独立截桥；乙左手用力推撑甲掌，甲右手回收，并左手顺势搂手（图8-22①）；接着，乙顺势用弹腿攻击甲方，甲右脚退步成拐步截桥防守（图8-22②）。

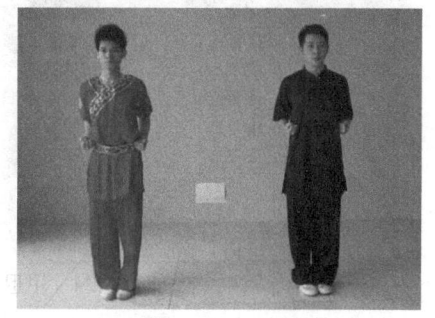

图8-21 并步抱拳

图8-22 甲退步截桥，乙独立步弹腿

2. 甲跪步架打，乙骑龙步双挂拳

乙弹腿收回，顺势向前落步成骑龙步，同时双挂拳攻击甲方头部；甲顺势左脚退步成跪步架打，防守甲方双挂拳并伺机反击（图8-23）。

3. 甲退步抢抄，乙勾踢鞭锤

（1）乙左推甲拳，身体左转，右手内格；甲起身向后抢挂臂（图8-24①）。

（2）乙勾踢甲右脚，同时右手向右单拦，左掌立于右肩前；甲右脚退步，接着，配合步法完成右左手的抢挂臂，参与防守（图8-24②）。

图8-23 甲跪步架打，乙骑龙步双挂拳

图8-24 甲退步抢抄，乙勾踢鞭锤

4. 甲马步双撑掌，乙弓步双蝶掌

（1）乙顺势右脚下落成马步，双掌收于腰间，目视对方；甲右脚继续退步成高虚步，同时两臂再抢挂一周后两掌托于腰间（图 8-25①）。

（2）乙弓步双蝶掌攻击甲方；乙顺势完成马步双撑掌阻截甲方的推击（图 8-25②）。

① ②

图 8-25 甲马步双撑掌，乙弓步双蝶掌

收势：并步抱拳（图 8-26）。

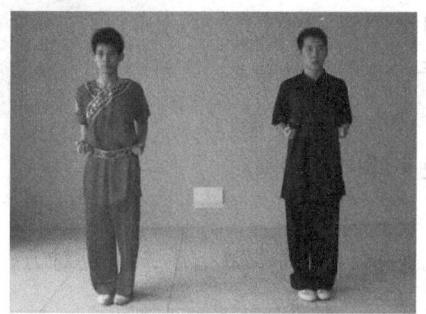

图 8-26 并步抱拳

第四组 VS 第八组

起势：并步抱拳（图 8-27）。

1. 甲弓步分桥，乙插步鞭拳

（1）甲向左后方摆步成马步靠臂，腹前交叉，左上右下；乙右脚上步成马步摆掌（图 8-28①）。

（2）乙左脚向右后方插步，后鞭拳攻击甲方头部，目视进攻方向；甲右弓步分桥，防守甲方鞭拳，同时

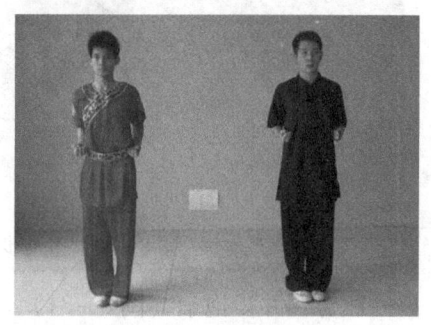

图 8-27 并步抱拳

左臂向后斜下方截击（图8-28②）。

①

②

图8-28　甲弓步分桥，乙插步鞭拳

2. 甲上步架桥，乙转身挂拳

乙转身摆步完成挂拳；甲左脚顺势向前震脚成左手上格，防守乙方左挂拳，右拳抱于腰间（图8-29）。

3. 甲马步单指手，乙转身挂盖拳

（1）乙方盖拳攻击对方头部；甲左弓步插掌，并使头部向下闪避对方攻击（图8-30①）。

图8-29　甲上步架桥，乙转身挂拳

（2）甲迅即重心后移，成马步单指手，注视对方；乙挂盖拳后，也目视对方（图8-30②）。

①

②

图8-30　甲马步单指手，乙转身挂盖拳

收势：并步抱拳（图8-31）。

图 8-31 并步抱拳

三、打练南拳完整版

(一) 动作名称

打练南拳完整版动作名称如表 8-1 所示。

表 8-1 打练南拳完整版动作名称

预备式：并步抱拳			
甲		乙	
起势	开步滚桥	起势	开步滚桥
1	弓步标拳	15	虚步截桥
2	弓步抄拳	16	虚步穿桥
3	马步截桥	17	马步横扫
4	弓步探爪	18	提膝虎爪
5	左右抛拳	19	左右弓步标指
6	虚步截桥	20	弓步冲拳
7	马步切掌	21	独立步截桥
8	退步截桥	22	独立步弹腿
9	跪步架打	23	骑龙步双挂拳
10	退步抢抄	24	勾踢鞭锤
11	马步双撑掌	25	弓步双蝶掌
12	弓步分桥	26	插步鞭拳
13	上步架桥	27	转身挂拳
14	马步单指手	28	弓步盖拳
收势	虚步推掌冲拳—并步抱拳	收势	虚步推掌冲拳—并步抱拳

（二）动作图解

预备式：

甲、乙并步抱拳，相距 1.5～2 米距离，目视前方（图 8-32）。

起势：

甲、乙左脚向左一步，成开步滚桥，甲左拳在上，乙右拳在上，双方互视（图 8-33）。

图 8-32　预备式　　　　　　　图 8-33　起势（甲左上，乙右上）

1. 甲弓步标拳，乙虚步截桥

（1）甲左手置于右肩前，右拳抱于腰间；乙上步双拳体前交叉；甲目视乙，伺机待动（图 8-34①）。

（2）甲标拳攻击乙上盘；乙臂抢摆成右虚步截桥防守（图 8-34②）。

①甲左手置右肩前，乙交叉拳　　②甲半马步标拳，乙虚步截桥

图 8-34　甲弓步标拳，乙虚步穿桥

2. 甲弓步抄拳，乙虚步穿桥

甲弓步抄拳，攻击对方头部；乙虚步穿桥，防守甲抄拳（图8－35）。

3. 甲马步截桥，乙马步横扫

（1）乙左手成横切掌拨分，右脚垫步，同时右横拳扫击甲方头部；甲左手上格挡，并低头躲闪甲方右拳（图8－36①）。

图8－35 甲弓步抄拳，乙虚步穿桥

（2）乙抄拳击空，右拳抡至左肩前；甲躲过乙方攻击后目视对方（图8－36②）。

（3）乙动作不停，马步横扫拳攻击甲方；甲马步截桥防守（图8－36③）。

①甲马步上架，乙横扫击

②甲躲闪，乙抡挂臂

③甲马步截桥，乙马步横扫

图8－36 甲马步截桥，乙马步横扫

4. 甲弓步探爪，乙提膝虎爪

（1）甲左脚摆步成马步虎爪；乙重心随势左转，两臂抡摆成虎爪（图8－

37①）。

（2）甲左弓步探爪，攻击乙方；乙随势而动，迅即右转提膝成独立步虎爪，置于对方右前臂上方，防守右探爪；目视交手方向（图8-37②）。

①甲摆步虎爪，乙抡挂臂

②甲弓步探爪，乙独立步虎爪

图8-37 甲弓步探爪，乙提膝虎爪

5. 甲左右抛拳，乙左右弓步标指

（1）甲右脚向前一步成马步，右爪变掌缠绕对方上臂向由上向左画弧于左肩前，左手变拳抡至左侧平举；乙右脚向右后方下落，左脚经右踝关节侧分成马步（图8-38①）。

（2）甲右臂经过右膝直臂外格后左臂抛拳，顺势左脚向前拖步，成右弓步左抛拳；乙马步变右弓步，同时完成左标指截防（图8-38②）。

（3）甲左脚向左前一步，完成左挂右抡，乙顺势左脚后退一步，右脚经左踝关节侧分成马步抱拳（图8-13③）；上动不停，甲迅即完成左弓步右抛拳，乙左弓步右标指，用于截防（图8-38④）。

①甲马步抡臂，乙马步抱拳

②甲左抛拳，乙左标指

③甲上步挂抡，乙马步抱拳

④甲右抛拳，乙右标指

图8-38　甲左右抛拳，乙左右弓步标指

6. 甲虚步截桥，乙弓步冲拳

（1）乙身体右转完成右弓步左冲拳；甲右虚步左截桥防守（图8-39）。

7. 甲马步切掌，乙独立步砸肘

甲左拳变掌并按压，右拳成掌收于右肩前，乙左拳变扣掌顺势撑顶（图8-40①）；接着，甲成马步横撑掌攻击乙方，乙重心向右移，成独立步砸肘防守甲方进攻，目视攻击方向（图8-40②）。

图8-39　甲虚步截桥，乙弓步冲拳

①甲按压掌，乙扣撑掌

②甲马步切掌，乙独立步截桥

图8-40　甲马步切掌，乙独立步砸肘

8. 甲退步截桥，乙独立步弹腿

乙左手用力推撑甲掌，甲右手回收，并左手顺势搂手（图8-41①）；接着，乙顺势用弹腿攻击甲方，甲右脚退步成拐步截桥防守（图8-41②）。

①甲收拳搂手，乙左臂推撑　　　　　　②甲拐步截桥，乙弹腿

图 8-41　甲退步截桥，乙独立步弹腿

9. 甲跪步架打，乙骑龙步双挂拳

乙弹腿收回，顺势向前落步成骑龙步，同时双挂拳攻击甲方头部；甲顺势左脚退步成跪步架打，防守甲方双挂拳并伺机反击（图 8-42）。

10. 甲退步抢抄，乙勾踢鞭锤

（1）乙左推甲拳，身体左转，右手内格；甲起身向后抢挂臂（图 8-43①）。

图 8-42　甲跪步架打，乙双挂拳

（2）乙勾踢甲右脚，同时右手向右单拦，左掌立于右肩前；甲右脚退步，接着，配合步法完成右左手的抢挂臂，参与防守（图 8-43②）。

①甲起身分手，乙左推甲拳　　　　　　②甲退步抢挂，乙勾踢鞭打

图 8-43　甲退步抢抄，乙勾踢鞭锤

11. 甲马步双撑掌，乙弓步双蝶掌

（1）乙顺势右脚下落成马步，双掌收于腰间，目视对方；甲右脚继续退步成高虚步，同时两臂再抢挂一周后两掌按于腰间（图8-44①）。

（2）乙弓步双蝶掌攻击甲方；乙顺势完成马步双撑掌阻截甲方的推击（图8-44②）。

①甲虚步按掌，乙马步摆掌　　　　　　②甲马步撑掌，乙弓步双蝶掌

图8-44　甲马步双撑掌，乙弓步双蝶掌

12. 甲弓步分桥，乙插步鞭拳

（1）甲向左后方摆步成马步靠臂，腹前交叉，左上右下；乙右脚上步成马步摆掌（图8-45①）。

（2）乙左脚向右后方插步，后鞭拳攻击甲方头部，目视进攻方向；甲右弓步分桥，防守甲方鞭拳，同时左臂向后斜下方截击（图8-45②）。

①甲摆步靠臂，乙马步摆掌　　　　　　②甲弓步分桥，乙插步鞭拳

图8-45　甲弓步分桥，乙插步鞭拳

13. 甲上步架桥，乙转身挂拳

乙转身摆步完成挂拳；甲左脚顺势向前震脚成左手上格，防守乙方左挂

拳，右拳抱于腰间（图8-46）。

14. 甲马步单指手，乙转身挂盖拳

（1）乙方盖拳攻击对方头部；甲左弓步插掌，并使头部闪避对方攻击（图8-47①）。

（2）甲迅即重心后移，成马步单指手，注视对方；乙挂盖拳后，也目视对方（图8-47②）。

图8-46　甲上步架格，乙转身挂拳

①甲弓步插掌，乙盖拳击头

②甲马步单指，乙弓步挂盖

图8-47　甲马步单指手，乙转身挂盖拳

收势：

甲、乙均右脚踏步，同时，左拳变掌推右拳面成右顶肘（图8-48①）；上动不停，身体左转，拳掌同时向前推出成左虚步推掌冲拳（图8-48②）；左脚后退一步，两手变拳往后撞肘，右脚后退一步，两拳向前挂出至体后方（图8-48③）；左脚后退一步成并步，两手收于腰间，目视前方（图8-48④）。

①甲、乙拐步顶肘

②甲、乙虚步冲推

 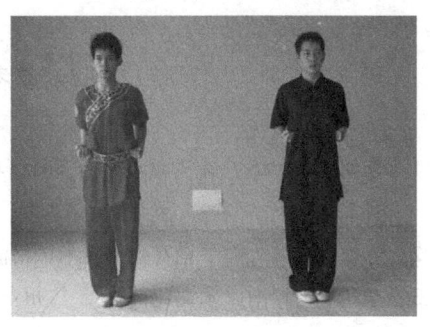

③甲、乙退步抡拳　　　　　　　　④甲、乙并步抱拳

图8－48　收势

参考文献

[1] 李朝旭. 2015广东省重点平台及科研项目（粤教科函〔2016〕12号文），2016年1月22日.

[2] 陈欢，陈昇. 南拳竞赛套路技术风格演进探析［J］. 闽江学院学报，2005（5）.

[3] 李朝旭. 岭南武术文化［M］. 广州：广东教育出版社，2013.

[4] 李朝旭. 岭南南拳运动风格及其技理技法形成的文化社会学研究［M］. 广州体育学院学报，2009（1）.

[5] 汤力许，李朝旭等，从现代到后现代：课程观的流变——兼议民族传统体育专业的课程改革，上海体育学院学报，2009（4）.

[6] 李朝旭. 广东普通高校武术教育现状研究［J］. 广州体育学院学报，2014（1）.

[7] 李朝旭. 广东咏春拳的起源与形成再思考［J］. 文化遗产，2017（2）.

后 记

1997年香港"回归"之年，本人有幸来到广州体育学院工作，不知不觉间，就是整整二十年了。从30岁到50岁，这是一段多么美丽、美好、灿烂，且更值得加倍珍惜的人生中的黄金岁月呀。大家都说：青春无价，青春美好。的确，年轻真好，青春更好，能永葆青春更是好上加好。但作为过来之人，我有疑问了：谁又在自己年少轻狂的美好时代，真心地感受到青春的美好呢？罗大佑的"池塘边的榕树上，知了在声声地叫着夏天""水彩蜡笔和万花筒，画不出天边的那道彩虹""什么时候才能像高年级的同学，有张成熟与长大的脸"……青春时盼望着长大，渴望着成熟。她既没有夏天的"热度"，也没有秋天的金黄和收获；有的，只是只有失去了，才觉得她的"真好"。反过来，让我们可以真正感受得到的，倒是不再年轻、不再年少轻狂。

回首往昔，展望未来，20世纪60年代出生的人，真好！体味过苦难，更懂得珍惜。年幼之时，感受"文革"之乱的动荡；成长之季，喜逢恢复高考后的幸福和满足；毕业就业之际，依据学业成绩国家包分配；成家立业了，还赶上了福利分房。而我，因为恰逢这个好时节，在广州体育学院度过。

南方的"南方"，南方的"大都市"，南方政治、经济、文化的中心地区——广州，是一块岭南武术的肥沃土地，南派武术的根，就深深地扎根在这里。1997年之前，我未曾涉足过广东的土地，更别说我梦中的城市——广州了。那时，我曾经一度欢心来到这里，但也经历过伤心来到这里。因为来后不到两个月，我至亲至爱的健康的父母不幸双双病倒。两年后，父母先后不到100天相继离世。为人之子，且作为家中独子，背负了太多工作的重压、朋友的陌生、生活甚至生存的艰难，好在有家庭的温暖，病中父母的坚持和嘱托，贤妻的相伴和执着，让我更庆幸终究留在了这里。感谢，广州体育学院接受并培养了我；感谢，广东武术容忍并成就了我；感谢，中国武术让我的兴趣爱好与事业追求融为一体。我是满足的，我的努力是快乐的！

打练南拳已成为"十二五"普通高等教育本科国家级规划教材体育院校通用教材内容,是广东省教育厅立项的"广东省重点平台与科研项目"。今天,《打练南拳》的单行本有幸出版发行了,假如本书曾经的定位,是对广东南拳的内容、结构和形式上立足传统的继承与创新,有利于"岭南体育文化的梳理",有利于国家战略"武术进校园"的教学和推进,有利于南拳走进"新的时代"的普及与提高,惠及民众,那便是本人的莫大安慰。

限于本人理解力、知识、能力有限,书中定有许多错漏之处,特别是书中内容表达或者存在偏差。这里,诚恳地邀请大家指导并批评指正。本书权当作为标板靶头,仅起抛砖引玉的作用。更望有志于此的武林同仁,携起手来,团结一心,为中国武术大家庭中"南拳北腿"的半壁江山,为广东武术的未来发展,共同努力!

李朝旭

2017 年 11 月 10 日于广州